Alain Resnais :
une lecture topologique

Collection L'Art en bref
dirigée par Dominique Chateau

Publiée avec la participation du centre de Recherche sur l'Image et de l'Université de Paris I Panthéon Sorbonne

A chaque époque, le désir d'art produit non seulement des œuvres qui nous éblouissent ou nous intriguent, mais des discussions qui nous passionnent. L'art en bref veut participer activement à ce débat sans cesse renouvelé, à l'image de son objet.

Appliquée à l'art présent ou passé, orientée vers le singulier ou vers le général, cette collection témoigne d'un besoin d'écriture qui, dilué dans le système-fleuve et engoncé dans l'article de recherche, peut trouver à s'épanouir dans l'ouverture et la liberté de l'essai.

A propos de toutes les sortes d'art, elle accueille des textes de recherche aussi bien que des méditations poétiques ou esthétiques et des traductions inédites.

Déjà parus

Maryvonne SAISON, *Les théâtres du réel, Pratiques de la représentation dans le théâtre contemporain.*
Jacques FOL, *Propos à l'œuvre, Arts visuels et architecture.*
Dominique CHATEAU, *L'Art comme un fait social total.*
Jean SUQUET, *Marcel Duchamp ou l'éblouissement de l'éclaboussure.*
Catherine DESPRATS-PEQUIGNOT, *Roman Opalka : une vie en peinture.*
Céline SCEMAMA-HEARD, *Antonioni, le désert figuré.*
Carl EINSTEIN, *La sculpture nègre.*
Christian JAEDICKE, *Nietzsche : figures de la monstruosité Tératographies.*
Dominique CHATEAU, *Duchamp et Duchamp.*
Giovanni JOPPOLO, *Le matiérisme dans la peinture des années quatre-vingt.*
André LE VOT, *Gustave Courbet, au-delà de la Pastorale.*
Ludovic CORTADE, *Ingmar Bergman : l'initiation d'un artiste.*
Giovanni JOPPOLO, *Critique d'art en question.*
Alain CHAREYRE-MÉJAN, *Expérience esthétique et sentiment de l'existence.*
Antoine HATZENBERGER, *Esthétique de la cathédrale gothique.*

Sarah Leperchey

Alain Resnais : une lecture topologique

L'Harmattan
5-7, rue de l'École-Polytechnique
75005 Paris
FRANCE

L'Harmattan Inc.
55, rue Saint-Jacques
Montréal (Qc)
CANADA H2Y 1K9

L'Harmattan Hongrie
Hargita u. 3
1026 Budapest
HONGRIE

L'Harmattan Italia
Via Bava, 37
10214 Torino
ITALIE

© *L'Harmattan, 2000*
ISBN : *2-7384-9706-3*

Introduction

Le cinéma, comme la littérature, est devenu principalement un art du récit. Paul Ricœur voit dans le récit « le moyen privilégié par lequel nous re-configurons notre expérience temporelle confuse, informe et, à la limite, muette »[1]. De fait, au cinéma, la question de la représentation du temps s'est avérée rapidement essentielle. Deleuze, notamment, a mis cette question au centre de ses interrogations sur la modernité au cinéma : c'est ainsi que, pour expliciter la rupture introduite par les films d'Alain Resnais, il affirme que « l'image n'a plus pour caractères premiers l'espace et le mouvement, mais la topologie et le temps »[2]. À ces oppositions entre espace et topologie, mouvement et temps, correspond toute la rupture marquée entre *L'Image-mouvement* et *L'Image-temps*[3].

Dans le premier livre, qui répertorie les films d'avant la Seconde Guerre mondiale, l'action et ses liens sensori-moteurs (situation-action, action-réaction, excitation-réponse) prévalent et sont servis par un montage qui enchaîne les mouvements et restitue ainsi une image « cohérente » du temps, une image *indirecte* du temps. Avec la crise de l'image-action apparaît l'image-temps : la situation ne se prolonge plus en action mais devient une situation purement optique et sonore, qui « fait

---

1. *Temps et Récit*, tome 1, Paris, Seuil, 1983, p. 13.
2. *L'Image-temps*, Paris, Les Éditions de Minuit, Coll. « Critique », 1985, p. 164.
3. *L'Image-mouvement*, Paris, Les Éditions de Minuit, Coll. « Critique », 1983.

voir » (les personnages sont devenus des voyants, comme dans *Hiroshima mon amour* où Emmanuelle Riva voulait tout voir à Hiroshima). Cette image-temps s'est « subordonnée le mouvement. C'est ce renversement qui fait, non plus du temps la mesure du mouvement, mais du mouvement la perspective du temps : il constitue tout un cinéma du temps, avec une nouvelle conception et de nouvelles formes de montage »[4]. Les nouvelles structures de l'œuvre vont de pair avec un nouveau rapport au temps.

Cette analyse de la modernité se trouve déjà dans l'étude de Deleuze sur la structure d'*À la recherche du temps perdu*. Il nous montre que « toute l'œuvre consiste à établir des *transversales*, qui nous font sauter d'un profil à l'autre d'Albertine, d'une Albertine à une autre, d'un monde à un autre, d'un mot à un autre, sans jamais ramener le multiple à l'Un, (...) mais en affirmant l'idée très originale *de* ce multiple-là, affirmant sans les réunir tous ces fragments irréductibles au Tout »[5]. Une forme « moderne » d'unité apparaît, qui se fonde sur une dimension de transversalité[6] : on peut songer, par analogie, au principe de la distance, qui fait voisiner des intervalles et apporte une unité transversale. Deleuze nous donne l'exemple du narrateur de la *Recherche* qui, dans un train pour Balbec, court d'une fenêtre à l'autre du wagon, pour essayer de garder, à mesure que le train tourne et vire, une vue totale du lever du soleil[7]. Le train est ici cette transversale qui réunit les vues fragmentaires du ciel.

Or, dans un univers morcelé, éclaté, la transversale universelle, qui peut affirmer, et maintenir ensemble tous les disparates, tous les fragments, c'est le temps. En effet, avec le temps, le Tout n'est jamais donné ; sans cesse, arrivent des

---

4. *L'Image-temps, op. cit.,* p. 34.
5. *Proust et les Signes*, Paris, Presses Universitaires de France, Coll. « Quadrige », 1964, pp. 152-153.
6. Philippe Mengue, *Gilles Deleuze ou Le Système du multiple*, Paris, Éditions Kimé, 1994, p. 127.
7. *Proust et les Signes, op. cit.,* p. 153.

événements qui entrent dans de nouvelles connexions avec ce qui est déjà donné. Le temps a « l'étrange pouvoir d'affirmer simultanément des morceaux qui ne font pas un tout dans l'espace, pas plus qu'ils n'en forment un par succession dans le temps »[8]. C'est ainsi qu'un mode « moderne » de l'unité des œuvres d'art peut s'accorder avec une nouvelle pensée du temps.

Dans cette perspective, on peut rechercher de quelle façon spécifique Alain Resnais intègre cette modernité, et développe, à travers ses films, à la fois une nouvelle structure (éclatée, dispersive, se soustrayant à une logique d'action unificatrice) et une nouvelle pensée du temps. Parmi les nombreux films réalisés par le cinéaste, ses trois premiers longs métrages, à savoir *Hiroshima mon amour* (1959), *L'Année dernière à Marienbad* (1961), et *Muriel ou Le Temps d'un retour* (1963), nous paraissent offrir une image assez juste de la modernité qu'il a introduite. En février 1961, il déclarait : « Un film classique ne peut pas traduire le rythme réel de la vie moderne. (...) La vie moderne est faite de ruptures, cela est ressenti par tout le monde. (...) Pourquoi le cinéma n'en témoignerait-il pas également, au lieu de s'en tenir à la construction linéaire traditionnelle[9] ? » Et, en effet, ses trois premiers longs métrages tentent de casser la linéarité du récit, et sont de ce fait marqués par une grande perturbation de la chronologie : le passé et le présent s'y mêlent si étroitement qu'ils en deviennent souvent indiscernables. C'est ainsi qu'on peut, à partir de ces trois films, explorer les différents aspects de l'image-temps spécifique qui apparaît dans le travail de Resnais.

J'ai donc limité ma recherche à ces trois films dans l'espoir que leur approfondissement à la lumière des théories de Deleuze, en même temps, en éprouve la fécondité.

---

8. *Ibid.*, p. 157.
9. Propos recueillis par Sylvain Roumette, *Clarté*, n° 33, février 1961, *in Premier Plan*, n° 18, pp. 45-46.

On peut se demander, à propos de chacun de ces longs métrages, ce qu'ils doivent à Alain Resnais et à leurs scénaristes respectifs, Marguerite Duras, Alain Robbe-Grillet et Jean Cayrol. Doit-on parler d'*une* œuvre d'Alain Resnais ? Ou n'y a-t-il que *des* films, tous différents, chacun caractérisé par les préoccupations propres à son scénariste ? En effet, ces trois films notamment reprennent de façon manifeste les recherches du Nouveau Roman en littérature, un terme qui avait été inventé pour qualifier, entre autres, les livres de Duras et de Robbe-Grillet. On pourrait dès lors penser que la modernité de ces films provient des recherches des scénaristes, plus que de la mise en scène elle-même. Par exemple, on peut considérer que la structure de *Marienbad* tient surtout de la machine littéraire mise en place par Robbe-Grillet. Cependant, il semble que Resnais ait paradoxalement attendu de ses scénaristes, moins un simple scénario qu'une véritable œuvre littéraire, comme une sorte de défi susceptible de provoquer sa réaction et de stimuler sa création. C'est une question complexe, qui mériterait d'être traitée à part ; si l'on veut caractériser avant tout l'œuvre d'Alain Resnais, il faut la laisser en suspens, oublier le travail des scénaristes et étudier d'emblée *Hiroshima*, *Marienbad* et *Muriel*.

Deleuze caractérise particulièrement le cinéma de Resnais en parlant, à son propos, d'« espaces probabilitaires et topologiques »[10]. *A priori* le rapprochement entre les films de Resnais et la topologie peut surprendre. En effet, la topologie est une branche des mathématiques qui étudie les notions de continuité et de limite. L'objectif de la topologie générale est de définir des notions fondamentales telles que l'ouvert et le fermé, ou encore le compact, ainsi d'étudier les liens entre espaces topologiques. On l'a surnommée la « géométrie du caoutchouc », car elle étudie les propriétés invariantes sous l'effet de transformations biunivoques continues, c'est-à-dire, entre autres choses, la déformation continue des figures. Dans

---

10. Deleuze, *L'Image-temps*, *op. cit.*, p. 169.

le domaine des sciences humaines, la topologie a été notamment reprise par Lacan pour expliquer certaines de ses observations sur le fonctionnement du psychisme : il a, par exemple, repris les études topologiques faites sur les phénomènes du nœud ou du miroir. La topologie, parce qu'elle s'attache aux notions de continuité et de limite, aux propriétés qualitatives et aux positions relatives des êtres géométriques, permet en fait de repenser, ainsi que nous le montre Claude-Paul Bruter dans un ouvrage à vocation interdisciplinaire [11], les phénomènes de transformation, de génération, de contamination, de dilatation et de contraction, de capture et de libération... C'est-à-dire que la topologie permet de penser des *liens*, et notamment l'élaboration et l'organisation d'une structure. On peut dès lors imaginer qu'on puisse utiliser les instruments de description topologique pour étudier la structure des œuvres d'art. Deleuze lui-même note à ce sujet que « nous savons les dangers d'invoquer des déterminations scientifiques hors de leur domaine. C'est le danger d'une métaphore arbitraire, ou bien celui d'une application pénible. Mais peut-être ces dangers sont-ils conjurés si l'on se contente d'extraire des opérateurs scientifiques tel ou tel caractère conceptualisable qui renvoie lui-même à des domaines non-scientifiques, et converge avec la science sans faire application ni métaphore [12] ? » C'est sans doute le cas des phénomènes de génération, de contamination, de dilatation et de contraction, que Bruter distingue dans la topologie [13]. René Thom, lui-même, pense que sa « théorie des catastrophes », qui est topologique, est une sorte de méthodologie, applicable à d'autres domaines, en ce qu'elle « offre un moyen d'expliquer

---

11. Claude-Paul Bruter, *Topologie et Perception, Bases philosophiques et mathématiques*, t. 1, Paris, Maloine, Coll. « Recherches interdisciplinaires », 1985.
12. Deleuze, *L'Image-temps, op. cit.*, p. 169.
13. Bruter, *Topologie et Perception, op. cit.*

la présence des structures », et « justifie dynamiquement leur apparition et leur stabilité » [14].

Si, dès lors, on s'autorise à utiliser la topologie pour décrire la structure d'une œuvre d'art, il reste à savoir ce que cette méthode peut nous apporter. Lorsque Deleuze s'attache à caractériser les films de Resnais comme topologiques, il cherche un autre modèle que celui, sensori-moteur, des structures des films étudiés dans *L'Image-mouvement*. En se fondant sur la topologie, l'étude des films de Resnais lui permet de définir l'image-temps, qui caractérise selon lui toute une modernité du cinéma.

L'objet de ce livre, à travers l'étude des trois premiers longs métrages de Resnais, est de comprendre en quoi on peut les qualifier de topologiques. Deleuze parle « d'espaces topologiques » [15], et c'est effectivement à partir de cette notion d'espace topologique, qui implique l'idée de continuum, que j'aborderai ce cinéma. J'étudierai l'organisation des films de Resnais en continuums, pour ensuite me pencher sur les rapports de ces continuums entre eux, y compris les ruptures qui les séparent. Enfin, je tenterai de voir en quoi l'aspect topologique détermine la représentation du temps, et, notamment, en quoi il peut nourrir la définition de l'image-temps.

---

14. René Thom, *Modèles mathématiques de la morphogenèse*, Paris, 10/18, 1974, p. 25.
15. *L'Image-temps, op. cit.*, p. 169.

Chapitre Premier
Similitude et proximité

Ce qui frappe dès l'abord dans *Hiroshima*, *Muriel* ou *Marienbad*, c'est l'étrangeté de la conduite de récits où l'action est sans cesse mise en déroute. Rien ne semble pouvoir arriver ; les situations ne veulent pas provoquer d'action, elles se contentent de persister, en elles-mêmes. Les intrigues se perdent dans des méandres, comme s'épuisant d'elles-mêmes dans de proliférantes répétitions. Ces films ont abandonné les « classiques » structures décrites dans *L'Image-mouvement*[1], qui enchaînaient une situation avec une action, puis une situation, ou encore une action avec une situation, puis une action. Les liens sensori-moteurs sont écartés au profit de réseaux de thèmes développés pour eux-mêmes. Dès lors se substitue à ces liens sensori-moteurs tout un autre système de fonctionnement que l'on peut qualifier de topologique.

1. L'affaiblissement des liens sensori-moteurs

Deleuze, pour caractériser la modernité des films étudiés dans *L'Image-temps*, note que « les enchaînements, les raccords et les liaisons sont délibérément faibles »[2]. Chez Resnais, cer-

---

1. *Op. cit.*, p. 220.
2. *Ibid.*, p. 279.

tes, subsiste une forme d'action, et l'on retrouve ces liens sensori-moteurs qui font découler une action d'une situation, une réaction d'une action, et qui enchaînent une excitation et une réponse. Pourtant, ces liens sont effacés au maximum, pour laisser place à d'autres types de liens. Ainsi, dans *Muriel*, l'apparition des choses et des personnages se fait davantage selon des processus d'association que selon une logique d'action, et, lorsque cette logique se manifeste, elle est immédiatement brouillée et contrariée par la mise en scène.

Ainsi en va-t-il du magnétophone de Bernard qui revient à plusieurs reprises dans le film, sans rien provoquer en terme d'action, du moins de façon directe. Alphonse le manipule lorsqu'il fouille chez Hélène, mais n'apprend rien qu'il puisse utiliser contre Bernard ; de même, dans la scène de la gifle où Françoise a le même magnétophone entre les mains, il est possible que la jeune femme, en le touchant, provoque l'irritation de Bernard, mais, sur le moment, on n'en sait rien. Il faudra attendre la dernière apparition du magnétophone pour qu'un indice nous permette de le subodorer. À ce moment, Bernard est en train de filmer l'empoignade d'Alphonse et d'Ernest. Il crie : « Françoise, le magnétophone ! » Mais celle-ci, par une mauvaise manipulation, déclenche la lecture de la bande. On entend des rires : Bernard, choqué, pleure, puis s'enfuit (pour aller tuer Robert, ainsi qu'on le découvrira ensuite). On peut alors penser que l'objet a fini par entrer dans une vraie logique d'action, puisqu'il doit, d'une part, enregistrer la déconfiture d'Alphonse face aux révélations d'Ernest, et, d'autre part, révéler quelque chose du traumatisme de Bernard. Pourtant, ces liens sensori-moteurs sont encore entravés. En effet, Françoise ne parvient pas à enregistrer Alphonse et Ernest, puisqu'elle se trompe de bouton. Quant à la révélation sur Bernard, elle n'a pas vraiment lieu puisqu'on n'entend que des rires. Leur signification nous échappe : la révélation n'atteint que Bernard lui-même. Dès lors, l'enchaînement qui mène Bernard, choqué, au meurtre de Robert apparaît comme très faible, très indirect.

On retrouve la même volonté de contrecarrer la puissance du lien sensori-moteur avec le revolver de Bernard. En effet, l'arme qui apparaît au début du film sera impliquée dans une logique d'action, puisqu'elle servira à tuer Robert. Mais Resnais minimise à l'extrême ce lien. Ainsi, lorsqu'il apparaît au début du film, le revolver est en pièces détachées, et Bernard le range dans un tiroir. On ne peut pas mieux casser la puissance latente qui gît dans toute image de revolver. De même, lors du meurtre de Robert, le revolver reste invisible. Sa présence n'est marquée que par un bruit de la détonation, et un trou dans la poche du ciré de Bernard. Il n'y a aucun lien visuel, ni sonore, entre les deux scènes, et pas une seule fois le revolver n'est vu sous sa forme efficiente.

Cette invisibilité du lien sensori-moteur est déjà présente dans certains passages de *Marienbad*. Ainsi, le personnage de M (joué par Sacha Pitoëff) entre dans la chambre de A (le personnage incarné par Delphine Seyrig), et lui demande : « Je frappais. Vous n'entendiez pas ? » A lui dit : « Je vous ai répondu d'entrer. » Or le spectateur, qui ne l'a pas quittée des yeux, ne l'a ni vue ni entendue répondre à M d'entrer. L'action s'est produite, puisqu'on en constate le résultat, et pourtant elle n'a pas *eu lieu*. Comme le note Deleuze à propos du néoréalisme italien, « entre la réalité du milieu et celle de l'action, ce n'est plus un prolongement moteur qui s'établit, c'est plutôt un rapport onirique, par l'intermédiaire des organes des sens affranchis »[3]. C'est ainsi que, dans *Muriel*, à deux reprises, les personnages semblent arriver comme par magie, comme une matérialisation des dialogues. Ainsi, tandis qu'Alphonse et Hélène sont à la brasserie alsacienne, Hélène raconte : « ...À ce moment là un jeune homme arrive devant la table. » Comme elle finit sa phrase, Robert apparaît en amorce droite, de dos, et s'arrête devant leur table. De même, vers la fin du film, Marc, Alphonse, Françoise et Hélène sont dans la cuisine d'Hélène, pour préparer le repas, en compagnie de Claudie qui

---

3. Deleuze, *L'Image-temps, op. cit.*, p. 11.

demande : « Bernard n'est pas là ? » Apparaît alors un gros plan de Bernard qui est assis avec les autres à la table de la cuisine. On n'a vu personne se lever pour aller le chercher, on ne l'a pas vu arriver : il est là, pourtant. En somme, il s'agit d'une toute autre logique qu'une logi que d'action linéaire ordinaire. C'est ainsi que, dans *Marienbad*, revient à plusieurs reprises une photographie de A que X (joué par Albertazzi) prétend avoir prise « l'année dernière » ; or, cette photographie semble apparaître, circuler jusqu'à se multiplier d'elle-même. Certes, une scène pourrait correspondre à un flash-back sur le moment où la photographie a été prise, lorsqu'elle est reprise comme point de départ d'un plan, puis semble s'animer (A rit et discute avec X). Pourtant, même dans cette scène, on ne voit pas X prendre effectivement la photographie, on ne le voit même pas porter d'appareil photographique. On n'a pas vu non plus X donner cette photographie à A, alors qu'elle réapparaît dans son livre.

En fait les choses n'adviennent pas par une logique d'action reposant sur des liens sensori-moteurs, mais par des glissements, de proche en proche. Dès lors, nous sommes dans une logique différente, et les photographies, qui ne sont pas nées de l'action, ne peuvent pas, non plus, donner lieu à une action. On pourrait, en effet, imaginer un déroulement selon lequel A serait convaincue, par la photographie de X, qu'elle l'a effectivement connu l'année dernière, et agirait ensuite en conséquence. Mais ce n'est pas le cas : les photographies se contentent de développer leur propre thème, de lier d'autres thèmes entre eux, de s'entrecroiser avec eux...

Une structure différente est mise en place qui fait l'économie des enchaînements sensori-moteurs. Dans ces trois premiers longs métrages de Resnais, les liens se forment par des associations aléatoires d'éléments répétés, qui finissent par former de grands ensembles. *Hiroshima* fonctionne à partir de deux villes, qui correspondent aux deux protagonistes principaux, et à deux époques : celle de Nevers et celle d'Hiroshima. Dans *Marienbad*, les personnages d'A et de X gravitent dans deux sphères différentes, irréconciliables. Et dans *Muriel* finissent par se dessiner deux histoires, celle d'Alphonse et d'Hélène, et celle de Bernard et de Muriel [4]. La structure de ces films se fait donc par l'émergence de continuums.

2. Le voisinage

Ce sont ces continuums qui amènent Deleuze à qualifier les films de Resnais de topologiques [5]. La topologie se fonde, en effet, sur l'étude de ces continuums que sont les espaces topologiques. Un espace topologique est un ensemble dont tous les points, tous les éléments possèdent des voisinages, tels que tout voisinage d'un élément contient cet élément, que toute partie qui contient le voisinage d'un point est aussi un voisinage de ce point, que toute partie commune à deux voisinages d'un point est un voisinage de ce point, et que tout voisinage d'un point est un voisinage des points assez voisins de ce point [6].

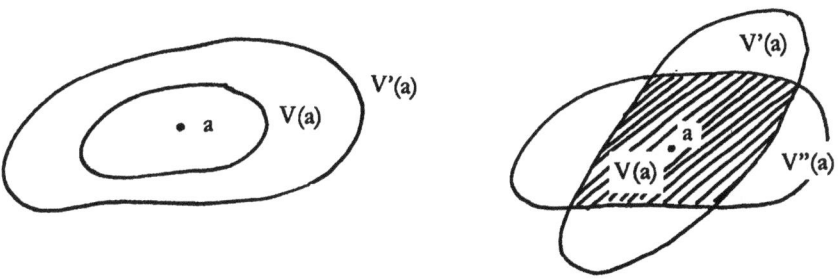

4. Cf. Marie-Claire Ropars, in Claude Bailblé, Michel Marie, Marie-Claire Ropars, *Muriel*, Paris, Éditions Galilée, 1974.
5. *L'Image-temps, op. cit.,* p. 169.
6. Claude-Paul Bruter, *Topologie et Perception, op.cit.*

Tous les points voisins forment un continuum, puisque le passage de l'un à l'autre se fait de proche en proche. Ces continuums peuvent parvenir à une certaine régularité, et il est ici question de similitude : ainsi René Thom nous dit qu'un « point x de U sera dit régulier, s'il existe un voisinage V(x) de x dans U, tel qu'en tout point y de V(x), le processus a même apparence qualitative qu'en x »[7]. Un processus peut donc se propager d'un point à un point voisin en gardant la même apparence qualitative. Il y a une régularité du continuum qui se manifeste par un critère tel que la similarité de l'apparence qualitative dans une zone de voisinage. Cette idée de régularité nous permet donc d'associer à la progression, de proche en proche, d'un point à un point voisin, l'idée d'une similitude entre ces points. La proximité spatiale se fait proximité par similarité : on comprend tout l'intérêt que cela peut revêtir si l'on veut se servir des modèles fournis par la topologie pour étudier la structure des œuvres d'art.

Ces progressions par encerclements successifs (toute partie qui contient le voisinage d'un point est aussi un voisinage de ce point[8]), par association d'éléments proches, similaires, donnent en effet un modèle de structure qu'on peut retrouver en art. Certaines œuvres s'inspirent même de façon déclarée de la topologie. C'est le cas, par exemple, d'un roman de Robbe-Grillet qu'il a intitulé *Topologie d'une cité fantôme*[9]. Le roman procède par générations successives à partir d'une cellule, composée de trois segments, donnée dans l'incipit[10]. Cela rappelle ce que nous dit M. Bruter sur le « centre organisateur » (c'est-à-dire le germe, le point de départ du développement d'un objet) : « il contient en puissance toutes les virtualités de l'objet qui vont se déployer dans l'espace-temps[11]. » Ce centre

---
7. *Modèles mathématiques de la morphogenèse, op.cit.*, 1974.
8. Claude-Paul Bruter, *Topologie et Perception, op. cit.*, p. 62.
9. Paris, Les Éditions de Minuit, 1976.
10. Cf. Josef Steiner, *Les Jeux de l'écriture dans Topologie d'une cité fantôme d'Alain Robbe-Grillet*, Zurich, ADAG Administration et Druck AG, 1981, p. 10.
11. *Op. cit.*, p. 40.

organisateur est en situation de bifurcation (de réorganisation), mais une bifurcation originelle. Aux autres situations de bifurcation de l'objet correspondent des centres organisateurs secondaires, et l'objet se développe ainsi de connexion en connexion. De même, à partir d'une cellule génératrice, *Topologie d'une cité fantôme* s'érige sous le principe de l'enchaînement par similitude : le développement du roman s'élabore par transformation, variation à partir d'une série d'éléments récurrents. Notamment, les éléments sont repris avec des procédés sémantiques de polysémie, d'homonymie, de paronymie, de synonymie...[12] Par exemple, dans la phrase : « L'arme de mort, le couteau à large lame étincelante et froide a séché jusqu'aux pleurs... », s'opère un glissement depuis « l'arme » et « *lar*ge la*me* », qui nous amène au mot « larme », et donc au mot « pleurs ». La similitude peut concerner des segments textuels de même grandeur, mais également de grandeur inégale (un mot et une phrase, un syntagme et un paragraphe...)[13], ce qui produit des phénomènes de dilatation et de contraction.

Toute l'œuvre s'élabore par glissements successifs, chaque élément répété progressant vers d'autres zones (de voisinage en voisinage), et ainsi de suite, jusqu'à obtenir tout un réseau intriqué de différentes zones entrecroisant différents éléments. Avec l'exemple du roman de Robbe-Grillet, on peut concevoir comment une approche topologique permet de décrire la façon dont les différentes parties de certaines œuvres communiquent entre elles, et de mettre en valeur la spécificité de ces structures.

3. L'enchaînement par similitude

Ce principe d'enchaînement par similitude, qui reprend l'idée topologique de voisinage, est également à l'œuvre dans

---

12. Cf. Steiner, *Les Jeux de l'écriture...*, *op. cit.*, p. 33.
13. *Ibid.*, p. 29.

les films de Resnais. Ainsi *Marienbad* donne l'impression de répétitions foisonnantes. Tout est clos, tout est reflet, répétition, retour ; c'est le cristal décrit par Deleuze : le film cristalise, en formant des circuits de plus en plus vastes, autour d'un germe, d'un petit circuit originel, qui met en relation une image et son image virtuelle (son double ou son reflet) [14].

a. D'une image à une autre

La similitude peut être une similitude directement visuelle, dans l'image, dans le cadre même de l'image : on passe d'une forme à une forme semblable. C'est ainsi que dans *Hiroshima* Resnais relie les victimes d'Hiroshima à la géographie de la ville elle-même par des images similaires : la caméra effectue un panoramique sur la photographie d'un homme brûlé, glisse jusqu'à son crâne et s'y arrête. Une grande brûlure a laissé une plaque chauve au milieu des cheveux ras. C'est un très gros plan, toute la surface de l'écran est occupée par les cheveux et la plaie. L'image ressemble étrangement à la vue aérienne d'un paysage pelé. Au plan suivant, un panoramique vers la gauche décrit un espace extérieur identifié grâce à la voix *off* d'Emmanuelle Riva (« ...10 000ᵉ place de la paix... ») : il s'agit effectivement d'un paysage pelé. Entre le crâne de l'homme brûlé, et la place consumée, il n'y a pas de rupture, plutôt une extension : il se forme un continuum. Le même phénomène réapparaît un peu plus loin dans le film. Alors qu'Emmanuelle Riva, *off*, commente : « ...des végétations nouvelles surgissent des sables... », on voit une plante rampante tracer une forme en étoile sur le sol. Plus loin, ce plan est repris, élargi : de loin, le dessin des ramifications prédomine sur l'identification d'une plante. Le plan suivant s'enchaîne par similitude avec une forme ramifiée, très proche visuellement de la précédente : c'est une vue aérienne de l'embouchure en delta du fleuve d'Hiroshima. Là encore, on change d'échelle de la

---

14. *L'Image-temps, op. cit.,* pp. 93-94.

plante au fleuve, sans qu'il y ait de rupture. Il s'agit bien de l'exploration d'un continuum, décrit à différents degrés de résorption ou de développement. Les faux raccords qui prolifèrent dans *Marienbad* nous forunissent également des exemples des ces enchaînements par similitude visuelle. Ainsi au début du film, un plan nous montre A, plongée dans la pénombre, tandis qu'on entend *off* la voix de X : « Vous êtes toujours la même. » Au plan suivant, un couple devant un ascenseur continue la conversation, mais la femme n'est plus A, et l'homme a une voix différente de celle, *off*, du plan précédent. À la fin de leur conversation, le couple passe devant A. La caméra, qui les suivait, s'arrête sur elle, qui est toujours dans la pénombre. Puis, après un *cut*, le raccord se fait sur elle, mais elle est habillée différemment et, cette fois, elle se trouve en pleine lumière. La voix *off* d'Albertazzi reprend : « Vous êtes toujours la même... » Plus tard, A et X, dans le parc, sont accoudés à une balustrade, et se regardent en souriant. Le raccord avec le plan suivant se fait sur X, qui se détache devant la balustrade. Mais il a changé de costume (il est maintenant en smoking), et l'on se demande si l'on est bien toujours au même endroit (est-ce la même balustrade, ou une autre balustrade, ailleurs dans le parc ?). Ces faux raccords permettent des « décrochages » spatiaux, aussi bien que temporels. On passe d'un endroit à un autre, non par l'action de se déplacer, mais parce que les deux endroits présentent des similitudes, ce qui permet de les joindre dans un même continuum. Les déplacements d'un endroit à un autre s'effectuent non pas en suivant le trajet des personnages, mais selon des similitudes visuelles : le déplacement n'est plus une affaire d'action, mais de mise en rapport, de connexion. Et cela vaut aussi pour le déplacement dans le temps, qui tient plus de la connexion que d'une accumulation de mouvements écoulés dans une durée.

b. La récurrence des objets

Les films de Resnais présentent également des enchaînements par similitude fondés sur la récurrence de certains objets. Ces répétitions finissent par esquisser un thème, qui pourra à son tour générer autre chose. On l'a déjà vu, dans *Muriel*, le magnétophone de Bernard revient à plusieurs reprises. Or, à chaque fois, ses apparitions sont liées au thème de la fouille. Ainsi, la première fois, c'est Alphonse qui le prend, tandis qu'il fouille chez Hélène, le premier soir. Lorsque le magnétophone reparaît, il accompagne le développement du thème de l'indiscrétion. Françoise se trouve dans la chambre de Bernard, et elle l'accuse : « Je parie que vous avez fouillé dans mes affaires... » Bernard lui retourne son accusation : « Vous avez touché à mon magnétophone... » À la troisième et dernière occurrence, lorsque Françoise déclenche la lecture de la bande, il y a un déplacement, puisque le magnétophone n'est plus montré à l'occasion d'une fouille, ou évoqué dans une discussion sur l'indiscrétion, mais devient lui-même l'objet d'une double indiscrétion (il doit servir à enregistrer l'empoignade d'Alphonse et d'Ernest, et trahit finalement Bernard).

C'est le même système, toujours dans *Muriel*, qui reparaît avec le principe du camion haut-parleur. Ainsi un premier plan très bref nous montre une camionnette publicitaire passer dans les rues de Boulogne. Son haut parleur diffuse, fortissimo, la chanson : « ...pour être heureux, ah, ah, ah !... Qu'est ce qu'on attend pour perdre la tête... » Plus loin, le procédé est repris. Des tracts s'envolent d'une voiture haut-parleur tandis que le speaker hurle : « N'attendez pas demain, participez dès aujourd'hui à notre grand concours *l'avenir est à nous* ! » Dans les deux cas, l'effet sonore brutal, le haut-parleur, sont couplés à la dénonciation des fausses promesses qui jurent avec la dépression de Bernard, ses meurtrissures, l'horreur de la guerre d'Algérie. Le premier plan surgissait au milieu de plans quotidiens, d'Alphonse devant une vitrine, de Bernard, Alphonse, Hélène, et Françoise à table à la fin d'un repas. Le deuxième, au contraire, survient après un plan inquiétant où Bernard rencontre une bande de jeunes de l'OAS. Lors du deuxième plan avec le haut-parleur, le lien est établi, ainsi que le note Michel Marie, entre « l'OAS, force politique réelle qui se montre » et « les fausses promesses, force idéologique réelle qui se cache » [15].

Dans l'intervalle du dédoublement de ces plans, la position de Bernard s'est précisée, au travers de son récit sur la torture de Muriel durant la guerre d'Algérie, et de ses rapports avec Robert. Le lien entre l'OAS et une société volontairement, agressivement aveugle et amnésique, accentue l'isolement de Bernard.

c. La montée du souvenir

Toujours par l'entremise d'un objet, c'est, dans *Marienbad*, tout un segment fictionnel qui est repris jusqu'à former un continuum. Le thème du talon cassé apparaît alors que X, *off*, raconte à A leur deuxième rencontre, « l'après-midi du même jour ». Durant tout le début du récit de X, l'image diffère de la scène racontée. X parle d'un groupe de personnes au milieu desquelles se trouvait A et de leur conversation, tandis que l'image nous la montre qui arpente les allées du parc, seule, comme affolée. Alors qu'elle s'approche de la caméra, on s'aperçoit qu'elle boîte, et qu'elle tient un de ses souliers à la main. À ce moment, la scène est encore obscure, on ne sait pas pourquoi la jeune femme s'est déchaussée. L'image semble un lambeau sans signification, comme égaré là. L'histoire est reprise quelques plans plus loin, mais cette fois dans une configuration différente ; tandis que la voix *off* de X raconte à nouveau, l'image nous montre une autre scène où A et X se défient autour d'une table de jeu. Dans la version donnée par X, deux changements apparaissent, comme une correction des premières images montrées : la présence de X

---

15. In *Muriel, op. cit.*, p. 174.

(« vous avez dû vous appuyer sur mon bras »), et la direction prise par A par rapport à l'hôtel (dans le premier plan, elle s'*éloigne* de l'hôtel, tandis que X nous dit : « vous avez dû ce jour là rentrer vos souliers à la main jusqu'à l'hôtel »). Peu après, dans les « plans blancs » de A dans sa chambre, qui s'emboîtent dans la scène du bar, on la voit considérer autour d'elle plusieurs paires de chaussures. Ce que l'histoire du talon aurait pu provoquer entre A et X (l'accès à un seuil d'intimité), a peut-être eu lieu finalement, de façon détournée et mystérieuse. On imagine aisément ce que pourrait donner cette histoire dans un cinéma plus traditionnel : la jeune femme casse son talon, l'homme la soutient, ils s'embrassent... Or, ici, le lien se fait tout de même, mais indirectement, par l'intermédiaire des paires de chaussures, entre le talon cassé et la chambre de A où X a pénétré. Enfin, l'histoire du talon réapparaît dans une dernière scène, cette fois muette, où l'image, qui plus est, correspond à la version donnée précédemment par X. Dans un plan d'ensemble, A et X retournent vers l'hôtel : brusquement, elle s'effondre, soutenue par lui, qui se baisse pour la déchausser. La scène éclôt donc par corrections successives, dans le déploiement des répétitions. On assiste comme à une montée du souvenir, qui n'est d'abord qu'une vague réminiscence, puis se « verbalise », pour s'actualiser enfin.

Comme on le voit, ces progressions, ces formations d'un continuum, se font en même temps par une constante transformation du continuum lui-même. Ce sont justement ces transformations que la topologie se propose d'étudier. Ainsi que le note Jeanne Granon-Lafont, la topologie « ne s'intéresse ni à la métrique ni aux proportions. De ce fait, l'égalité est définie comme le trajet possible d'une présentation à une autre. Deux figures sont dites identiques s'il est possible par une déformation continue de passer de l'une à l'autre »[16]. On voit ici que la déformation se fait dans un trajet (il y a là encore un dépla-

---

16. *La Topologie ordinaire de Jacques Lacan*, Paris, Point Hors Lignes, 1985, pp. 21-22.

cement de proche en proche), et qu'elle se fait à l'intérieur du même, de l'identique, au sein d'un continuum (Jeanne Granon-Lafont parle d'une déformation *continue*). C'est ainsi que, par exemple, une sphère vide est homéomorphe à l'espace obtenu à partir d'un disque, en identifiant son bord à un point [17], c'est à dire en repliant le disque en forme de sphère, en rassemblant tout son bord en un point.

Dans *Muriel*, une image illustre cette idée : celle de l'argenterie fondue. Au début du film, Hélène raconte à Alphonse que durant la Deuxième Guerre mondiale, sa maison a été bombardée, et que son argenterie avait coulé sur le sol. Les couverts étaient encore identifiables, identiques (c'était toujours de l'argent), mais ils s'étaient déformés : ils étaient devenus du métal liquide. Ils s'étaient déplacés également, ils avaient effectué un trajet, puisqu'ils avaient coulé sur le sol. Cette idée de l'argenterie fondue frappe l'esprit, car elle dérange d'autant plus nos habitudes intellectuelles, qu'un couvert d'argent semble par excellence un objet stable et indéformable. Elle est l'indice des transformations qui ne cessent d'animer l'univers de *Muriel*, des transformations souterraines car, au lieu de passer par l'action, elle procède d'un glissement diffus, de proche en proche, des thèmes et des personnages.

4. La projection, la dilatation et la contraction

Si l'on veut lier à l'idée de similitude ou d'équivalence celle de trajet, on s'approche de la notion de projection. En topologie, on dit qu'une application d'un espace topologique X dans un espace topologique X' est une équivalence topologique (ou *homéomorphisme*) si cette application est bijective et continue, ainsi que son inverse [18]. Une application est bijective lorsque l'application recouvre tout le but sur lequel elle est projetée (c'est-à-dire qu'il n'y a plus d'espace autour de l'image pro-

17. Cf. Bruter, *Topologie et Perception, op. cit.*, p. 83.
18. *Ibid.*, p. 70.

jetée). Elle est continue lorsqu'elle est continue en tout point d'un espace topologique X, à savoir que les points formant un voisinage dans l'espace topologique source seront projetés dans l'espace but en formant également un voisinage.

Par le biais de l'équivalence topologique nous sommes ramenés à l'idée de similitude, mais ici la similitude fonctionne par un détour, par une projection. Quelque chose, dans le domaine de l'art, et plus particulièrement celui du récit, se rapproche de la projection telle qu'on la rencontre ici : il s'agit de la capture et de la libération telles qu'elles ont pu être définies par Jean Ricardou à propos du Nouveau Roman [19]. Il entendait par « capture » le procédé par lequel les éléments figuratifs d'un premier segment, situés sur l'isotopie « réalité », sont repris par le suivant sous forme d'un de leurs aspects mineurs : une représentation (onirique, picturale, photographique...). L'inverse de la capture est la « libération » par laquelle les éléments figuratifs d'un premier segment identifiable comme représentation, sont repris par le suivant sur l'isotopie « réalité ». Ici, la projection se fait d'une dimension à l'autre : la réalité est projetée dans une représentation, ou une représentation se trouve projetée dans la réalité.

On trouve de nombreux exemples de captures et de libérations au sens de Ricardou dans *Hiroshima* et *Marienbad*. Ainsi, dans *Hiroshima*, la présentation de la ville multiplie les jeux de capture et de libération : ils articulent le rapport à la mémoire, les problèmes de la reconstitution impossible, de l'oubli... Le début du film cherche à faire revivre ce qu'a été l'explosion de la bombe atomique à Hiroshima. Cette quête est menée par le biais du personnage d'Emmanuelle Riva [20], une touriste, qui a visité la ville, et qui raconte. Les premières

---

19. *Le Nouveau Roman*, Paris, Seuil, 1973, p. 112.
20. Dans *Hiroshima mon amour*, les noms des personnages ne sont pas donnés. Pour les désigner, nous reprendrons la solution adoptée par Resnais lors des interviews qu'il a accordées à la sortie du film : nous appellerons les personnages par le nom des acteurs, Eiji Okada et Emmanuelle Riva.

images nous montrent l'hôpital, puis le musée. Se produit alors une libération : après toute une succession de plans de maquettes, de reconstitutions, la caméra, dans un panoramique vers la droite, glisse le long des vitrines du musée, puis tournoie brusquement sur 180°. Dans l'accélération du mouvement, les vitrines deviennent floues, tandis que la voix d'Emmanuelle Riva, *off*, commente : « ...l'illusion, c'est bien simple, est tellement parfaite que les touristes pleurent... » Puis le raccord se fait sur une image d'archives (un homme hurlant au milieu des flammes). Cette fois, nous sommes dans une présentation directe (un film dans le film qui vient tenir lieu de film), et non une représentation de l'explosion de la bombe atomique. Le film continue ensuite à enchaîner les images d'archives, pour revenir, imperceptiblement, à des images de la ville « actuelle » (filmées par Resnais) : des boutiques de souvenirs, des tombes, des statues, des plaques... Il y a donc eu un processus de libération, dans le trajet qui nous a entraîné des maquettes et reconstitutions aux images d'archives.

À l'inverse, on trouve, toujours concernant la réalité de l'explosion atomique à Hiroshima, des procédés de capture. Par exemple, alors qu'Eiji Okada est allé retrouver Emmanuelle Riva sur son tournage, à un plan des amants succède ce qui semble être de prime abord un gros plan d'une main, une main affreusement brûlée, en partie dépecée. Puis cette image fixe, qui prenait tout l'écran, bouge, mais ce n'est pas la main qui bouge : c'est l'image, toujours fixe, qui glisse vers la gauche, et l'on comprend, à mesure que le déplacement de l'image découvre, derrière, le décor du plan précédent (les deux amants, sous un arbre), qu'il s'agissait en fait d'une grande photographie portée par un figurant, et destinée à défiler dans la manifestation recréée pour le tournage. Le même procédé est immédiatement repris avec une seconde photographie qui glisse elle aussi devant la caméra jusqu'à occuper tout l'écran, puis se déplace et découvre Eiji Okada et Emmanuelle Riva qui reculent, pour laisser passer le figurant qui la porte.

Des effets de capture se manifestent également « à retardement ». C'est ainsi que des ruines d'Hiroshima sont filmées en quelques plans très courts au début du film, au moment où Resnais nous présente l'Hiroshima du touriste et de la mémoire (les boutiques de souvenirs, le car touristique...). Le bâtiment en ruines décrit par ces plans brefs a une architecture particulière, aisément identifiable : on voit comme l'armature métallique d'une coupole, qui, filmée en contre-plongée, forme une cible ovale ramifiée en toile d'araignée. On reconnaît plus loin cette architecture, durant le tournage. Elle revient cette fois sous la forme d'une maquette portée dans le cortège par les figurants de la manifestation.

Dans *Marienbad*, de manière comparable, la pièce de théâtre du début du film occasionne un double mouvement de capture et de libération : on entend tout d'abord un monologue *off*, présenté comme le commentaire direct d'une réalité vécue par l'un des protagonistes : « j'étais, déjà, en train de vous attendre, (...) attendre celui qui ne viendra plus, ne risquera plus de vous arracher à moi... » Parallèlement, l'image nous montre le décor intérieur de l'hôtel. Puis, à l'image, apparaissent des visages, qui forment un public, dans l'ombre, puis le visage, fortement éclairé, muet, d'une actrice. Enfin on arrive sur l'acteur, qui récite effectivement ses répliques, dans la continuité du monologue. Ce qu'on avait pris pour du « réel » était une représentation. Mais Resnais a compliqué le procédé, car en fait la voix a changé au cours du monologue ; celle d'Albertazzi, à l'accent italien, a laissé place à la voix sans accent de l'acteur. Dans un mouvement contraire de libération, la scène jouée par les acteurs — celle d'un homme convainquant une femme de s'enfuir avec lui —, sera reprise, dans une « réalité », par A et X, lorsqu'à la fin du film il la persuadera de partir avec lui. Ces procédés de capture et de libération se font par des emboîtements, de la « réalité » par la représentation, de la « réalité » dans la représentation, et par des déplacements de l'une à l'autre, qui rappellent ce qu'on a pu dire des propriétés de voisinage en topologie, mais aussi ce qu'on a pu dire des bijections.

Marienbad foisonne encore d'exemples de libération, comme celle de la photographie de A. Un travelling avant nous mène vers A, qui lit dans un couloir : la caméra tourne autour d'elle pour nous faire voir, par-delà sa nuque, ce qu'elle regarde. C'est une photographie, glissée dans les pages du livre, où l'on distingue A, assise sur un banc, souriante. La plan suivant nous montre la « matérialisation » de la photographie, selon un processus de libération : on voit la jeune femme, sur le même banc, dans la même position, elle rit, tandis que s'ensuit un dia-logue avec X.

En fait, *Marienbad* pourrait être considéré comme n'étant qu'un jeu de captures et de libérations, dans la mesure où très vite, tout se brouille, et l'on ne peut plus distinguer ce qui a eu lieu l'année dernière, ce qui a lieu au présent, ce qui s'est réellement passé, ce qui n'a été qu'imaginé : M a tiré sur A, qu'on a vue, peut-être morte (renversée, gisant sur le lit), et pourtant X nous dit que A est partie, à la fin, avec lui. Est-ce le coup de feu qui a été imaginaire ? Ou la fin qui a été rêvée par X ? Tout le film est ainsi une suite d'alternatives indécidables, et l'on renonce vite à démêler le réel de l'imaginaire.

Là encore, ce procédé topologique, de projections, fait fonctionner dans les films des systèmes de connexions qui viennent perturber leur linéarité. Ces projections « ailleurs », qui nous font sauter du réel à la représentation ou de la représentation au réel, provoquent d'incessantes digressions dans le récit, et donc bouleversent et mettent en question le déroulement chronologique du film.

5. *La prédation*

Par ailleurs, la capture peut être entendue dans un autre sens, qui est celui de la prédation. Là encore il s'agit de voisinage, car l'agrégation semble se faire par contiguïté. Bruter, dans la première partie, philosophique, de son ouvrage à vocation interdisciplinaire sur la topologie, nous décrit la croissance d'un objet [21] : l'objet prédateur croît par capture d'un autre objet, puis passe par une phase de restructuration, et reprend ensuite une phase de croissance par capture. Entre ces phases, l'objet est dit en situation de connexion ou de bifurcation. Ici, la transformation du continuum s'accompagne de sa complexification.

De même, souvent, dans les films de Resnais, un thème en capture un autre, au sens où deux thèmes vont se lier au fur et à mesure que se déploie le film. Par exemple, dans *Muriel*, au milieu d'une séquence de plans très courts, un plan de Françoise qui marche et passe devant la poterne du vieux Boulogne, précède un plan de Bernard qui pénètre dans la cour de l'atelier (en disant au Vieux Jean : « Je m'excuse pour hier »). Or, plus tôt dans le film, au milieu d'une autre séquence de plans très courts, un plan de la poterne était suivi d'un autre plan de Bernard pénétrant dans la cour du Vieux Jean. On a l'impression qu'une association s'est faite entre la poterne et Bernard dans la cour du Vieux Jean qui permet, la seconde fois, de passer de Françoise à Bernard par l'intermédiaire de la poterne [22]. Ici, on retrouve également la figure de l'associativité, à savoir que si A égale B, et B égale C, alors C égale A. C'est une propriété du voisinage, et donc des espaces topologiques, puisqu'on sait que toute partie qui contient le voisinage de tel point est aussi un voisinage de ce point.

C'est ainsi que, toujours dans *Muriel*, deux personnages sont associés par le biais d'une phrase répétée par Bernard dans deux plans : « Ne ferme pas les yeux, Marie-Do ! » Dans le premier plan, Bernard et Marie-Do sont couchés dans l'atelier de Bernard, tandis que dans le deuxième, Marie-Do est filmée au bord de la mer (seule la voix de Bernard intervient, *off*). Ces deux images font écho au plan sur le journal de Bernard, feuilleté par Alphonse le premier soir. On pouvait y lire : « ...je

---

21. *Topologie et Perception, op. cit.*, p. 13.
22. Cf. Marie, in Muriel, *op. cit.*, pp. 174-175.

ne sais pas pourquoi, les yeux de Muriel n'étaient pas fermés... » Marie-Do vient donc redoubler Muriel. En fait, ce dédoublement est l'indice que dans *Muriel* tout se passe à la fois au présent et au passé. Entre les deux fois où Bernard s'écrie : " Ne ferme pas les yeux Marie-Do ! ", le rapport de Marie-Do à Bernard change. Alors qu'au début elle est filmée à côté de lui dans un lit, et participe à toute la thématique des couples (comme un double du couple d'Alphonse et Hélène), ensuite, elle est filmée par Bernard, et entre donc dans un thème beaucoup plus politique, puisque Bernard dit vouloir, par ses films, accumuler des preuves. En fait elle reprend le trajet de Muriel, dont on croit, au début du film, qu'elle est la fiancée de Bernard, et dont on découvre, par la suite, qu'elle est une militante morte sous la torture en Algérie. Parce que tout se passe à la fois au passé et au présent, Muriel peut prendre le rôle de Marie-Do (une fiancée), tandis que Marie-Do peut « continuer » Muriel : elle ne doit pas fermer les yeux parce que Muriel avait les siens ouverts, elle est filmée par Bernard qui veut (comme le dit Robert) « raconter Muriel ». À travers cet exemple, on entrevoit mieux les répercussions qu'un fonctionnement par prédation, par association, peut avoir sur la représentation du temps dans un film.

Dans *Muriel* encore, au cours d'une nouvelle séquence de plans brefs, un premier plan nous montre Bernard escaladant les remparts, sa caméra à la main. Plus loin dans la même séquence, il redescend l'escalier des vieux remparts. Puis, dans une deuxième suite d'images rapides, on le voit de nouveau escalader les remparts ; il s'arrête en rencontrant une bande de jeunes de l'OAS ; il hésite puis reprend la montée. Il y a là un dédoublement du premier plan, dans deux directions. Dans un premier temps, Resnais oppose montée et descente. Puis, entre les séquences, les deux montées, dans leurs différences, soulignent une progression. L'affrontement entre Bernard et l'OAS se fait plus direct ; on passe de la caméra, outil d'accusation, à la confrontation physique avec une bande.

Par ailleurs, la descente se fait juste après le plan où Bernard a dit : « Ne ferme pas les yeux, Marie-Do ! », tandis que le deuxième plan où Bernard répète cette phrase se fait, nous semble-t-il, dans un endroit proche des remparts (Marie-Do est filmée devant la mer). Or, en l'occurrence, Bernard filme, puisqu'on entend le bruit *off* de sa caméra. Plusieurs éléments sont donc repris et associés selon différentes combinaisons : la première montée avec la caméra, la descente qui suit immédiatement la première injonction de ne pas fermer les yeux, la répétition de cette injonction près des remparts avec, en prime, le retour de la caméra. Comme par un lien de proximité, de voisinage, les éléments se sont fondus pour participer du même bloc, qui associe aux remparts le thème de Muriel (à travers Marie-Do). Il est dès lors logique que l'autre versant de Muriel, l'OAS, surgisse à l'occasion d'une deuxième montée des remparts.

La prédation d'un thème par un autre apparaît également dans *Marienbad*, par exemple en rapport avec la photographie de A. Dans une première scène, X montre cette photographie à A, comme preuve qu'il l'a effectivement connue, l'année dernière. Elle nie, ne se rappelle plus, et il précise : « Vous refusiez, disant que ça vous mettait mal à l'aise. » Elle répond : « Oui, c'est vrai. J'avais raison. » C'est une première sorte de capture, puisque la jeune femme ne dit pas « vous avez raison » ; la vérité qu'elle peut admettre n'est de toute façon pas celle de l'homme, elle ne peut être que la sienne. Ensuite, quelques scènes plus loin, X, qui parle avec A dans le jardin, mentionne à nouveau la photographie. C'est au plan suivant qu'on retrouve la photographie glissée dans les pages du livre de la jeune femme, et que s'ensuit une libération, au sens de Ricardou : sur le banc, A rit et parle avec X. Il lui dit alors qu'ils partiront le lendemain pour ne plus revenir. Après ce passage, où l'une des possibilités offertes par la photographie a été épuisée (elle s'est résolue, actualisée dans une scène « réelle »), la photographie sera reprise dans un autre circuit, celui de M, et du jeu.

Alors que le monologue de X laissait croire que c'était lui qui frappait à la porte de la chambre de A, par une nouvelle bifurcation, on voit entrer M, se diriger vers le secrétaire où il trouve la photographie (s'ensuit la scène où il tire sur A). Ultérieurement, selon un enchaînement par similitude, A reprendra les gestes de M (filmée par un mouvement de caméra semblable), pour découvrir dans le secrétaire un plein tiroir de photographies, toutes identiques à la première. La photographie a totalement perdu son sens premier — celui d'objet unique, de preuve fragile, précieuse —, elle prolifère mystérieusement. Par sa multiplication, elle semble exprimer les multiples virtualités de A, ses multiples combinaisons possibles, et rejoint donc le domaine du jeu. En fait, on voit de nombreuses scènes de jeu dans le film, et elles font résonner fortement sa structure topologique, car *Marienbad* lui-même a été conçu comme un jeu, et le jeu est fait de ces redistributions, ces relances constantes, ces répartitions et coupures sans cesse redéfinies, qui caractérisent la topologie. Le plan de la jeune femme trouvant le tiroir plein de photographies était précédé par un travelling latéral sur des joueurs. Or, de même, c'est une scène où X et M s'affrontent autour d'une table de jeu qui précède le dernier plan où apparaissent les photographies. Le rapprochement, la mise en voisinage du jeu et des photographies, finit par se résoudre dans ce dernier plan : sur la descente du lit de A, les photographies sont placées suivant la disposition du jeu de M (au début du film, il montre à X un jeu où l'on dispose quatre rangées de un, trois, cinq et sept éléments, chaque joueur pouvant, à son tour, prendre autant d'éléments qu'il veut, mais dans une seule rangée, le but étant de ne pas prendre le dernier élément restant). Le jeu a donc totalement contaminé la sphère des photographies, jusqu'à s'en emparer. Cette croissance du thème du jeu s'est alimentée à la capture du thème de la photographie.

Les thèmes s'agrègent donc, non dans une logique d'action, mais par une sorte de contiguïté, dans un fonctionnement topologique. On a vu comment, d'un rapprochement à l'autre, d'une répétition à l'autre, se formait un thème, on voit maintenant que les thèmes sont également associés, pour former à leur tour de plus vastes continuums.

Les films de Resnais [23] se construisent comme dans un déploiement d'eux-mêmes. Des éléments (objets, lieux, paroles) servent de cellules génératrices : ils sont répétés, repris, et, de proche en proche, s'agrègent, jusqu'à former de vastes nappes. De là que les développements filmiques ne résident pas dans l'action, mais dans l'émergence même de ces continuums ; que les tensions qui animent le tissu filmique ne sont pas créées par l'action, mais par la façon dont les différentes nappes s'affrontent. Ce sont pareilles transformations et une semblable coexistence des continuums qui forment une topologie. En fait, du point de vue topologique, le cœur du problème est de savoir comment se juxtaposent les différents continuums, comment s'établissent leurs ruptures et leurs limites, comment s'organisent leurs interactions... C'est de ce point de vue que je continue à présent l'exploration des trois premiers longs métrages de Resnais : après avoir examiné comment s'y forment et s'y transforment des continuums, j'étudierai, toujours sous l'angle topologique, les rapports que contractent ces continuums.

23. Du moins, les trois films retenus ici.

Chapitre II
Les miroirs catastrophiques

Selon Deleuze, « les continuums ou strates ne cessent de se fragmenter, en même temps qu'ils se remanient, d'un âge à l'autre »[1], ce qui pose la question de la rupture des continuums et de la fragmentation, comme celle de l'interaction entre les différentes nappes. En effet, les transformations des continuums, qu'on a étudiées plus haut, conduisent à des ruptures. Par ailleurs, ces transformations résultent de la dynamique du film : chaque modification d'un continuum a des répercussions, et transforme à son tour les autres continuums. Une autre variante de l'enchaînement par similitude apparaît : il ne s'engendre plus de proche en proche au sein d'un voisinage, mais provoque des points de bifurcation d'une nappe à une autre. La fragmentation qui en résulte peut être extrême, en même temps qu'elle introduit, entre chaque continuum, des réseaux de correspondance.

1. Les limites

Pour commencer, la coexistence de continuums, qui est une question proprement topologique, celle du voisinage, pose le problème de cette notion même, c'est-à-dire le problème

---

1. *L'Image-temps, op. cit.*, p. 157.

des limites. On assiste, en effet, dans les films de Resnais, à un jeu de redéfinition constante des limites. Elles sont franchies (c'est le cas lorsque le thème du jeu capture le thème de la photographie), elles apparaissent, elles se déplacent...

Ainsi dans *Marienbad*, plusieurs passages du film font apparaître à l'image une rupture, tandis que le texte instaure une continuité et suture les deux mondes entrechoqués par l'image. Par exemple, la voix *off* de X lie chronologiquement (« Une fois la porte refermée... ») deux plans de A sur le lit, qui appartiennent pourtant à des instants différents, puisque, de l'un à l'autre, la jeune femme ne porte plus la même robe. Une phrase de *Topologie d'une cité fantôme* illustre de façon frappante ce jeu de limites instaurées et franchies : « Un cercle parfait s'est formé à trois mètres du corps étendu : le centre en est le poignard auréolé de sa tache rouge vif, la circonférence mord sur les travées des fauteuils, de chaque côté, comme si la présence de ces sièges ne constituait aucun rempart... [2] »

Des limites se dessinent également dans le cadre de nombreux plans de *Marienbad*. Souvent A et X sont séparés par les lignes tracées par les éléments du décor. Notamment, vers le début du film, A commence à monter l'escalier de l'hôtel. X la suit et entame le dialogue : « ...Vous m'attendiez... Mais vous essayez à nouveau de vous échapper... Nous nous sommes revus l'après-midi du même jour... » Après un jeu simple de champs et de contrechamps, faisant alterner les deux personnages, un plan les rassemble dans le cadre, elle, de trois quarts face, et lui, de trois quarts dos. L'image est nettement coupée en deux par la courbe de la rampe, qui sépare A, à droite, se détachant dans la pénombre, et X, à gauche, sombre devant la maçonnerie bien éclairée de l'escalier. Le contrechamp nous fait basculer, en plongée, sur l'homme, de trois-quarts face, et la femme au premier plan, de trois-quarts dos. Sous cet angle, la ligne tracée par la rampe, loin de séparer les deux protagonistes, les relie au contraire. Plus encore, elle constitue mieux

---

2. *Op. cit.*, p. 104.

qu'un lien visuel : un territoire partagé, car les mains gauches de A et de X y voisinent, en sorte que la rampe de limite devient jonction. Tout le film joue ainsi avec des limites, et leur affirmation, leur franchissement servent la relance constante de la narration.

Le problème des limites s'inscrit également dans *Hiroshima* ; les images de Nevers révèlent une opposition entre deux mondes : le monde d'en bas, celui des amants (Emmanuelle Riva et Bernard Fresson), et le monde d'en haut, celui du reste de la ville. Le premier plan dans lequel apparaît Nevers nous montre les amants à terre, le soldat allemand gisant sur le dos, Emmanuelle Riva couchée sur lui. Ensuite, lorsque Nevers ressurgit, nous voyons l'actrice dévaler à bicyclette les routes de campagne. Une succession de plans lui fait traverser l'écran de part en part : dans l'ensemble, elle *descend*. Et, effectivement, trois plans larges des amants nous les montrent en contrebas. Le premier s'arrête d'abord sur une grande bâtisse, filmée en contre-plongée (le monde d'en haut), puis la caméra descend le long du mur d'enceinte. Emmanuelle Riva et l'allemand entrent alors dans le champ : on les voit se glisser par une petite porte dans le bas du mur. Dans le plan suivant, très large et en plongée, ils entrent dans une cabane. Dans le dernier plan, ils s'embrassent, minuscules, au pied de ruines immenses. Par opposition, les bâtiments de la ville sont toujours filmés en contre-plongée. Emmanuelle Riva doit descendre pour franchir la limite haut/bas qui sépare les deux mondes, et rejoindre son amant. La scène de la mort de l'allemand résume clairement cette opposition : la jeune fille, en contre-plongée, en haut d'un escalier, s'apprête à retrouver son amant sur les berges de la Loire. Mais la caméra plonge en tournoyant à gauche pour arriver sur le corps de l'allemand, qui gît sur le quai. Puis, elle remonte vers la droite et filme, en contre-plongée, la terrasse d'où (on le suppose) quelqu'un a tiré. C'est le monde d'en haut contre le monde d'en bas. Par la suite, Emmanuelle Riva restera bloquée dans le monde d'en bas : lorsqu'après avoir été tondue, elle revient chez elle, sa mère, à son tour, doit descendre pour aller vers elle (on voit en profondeur de champ la mère dévaler les marches du perron et courir vers sa fille). Puis on l'enferme dans la cave. Elle le dit elle-même : « ...la société me roule sur la tête... » À l'inverse, lorsqu'elle sort « de la méchanceté », comme elle le dit, c'est-à-dire lorsqu'elle se sent prête à revenir vers les autres, c'est que la ville, à son tour, est descendue vers elle. Ce mouvement, c'est une bille qui l'accomplit : de la ville roule, au travers du soupirail de la cave, une bille chauffée par le soleil, qui dégringole l'escalier jusqu'aux pieds d'Emmanuelle Riva.

Cette opposition entre monde d'en haut et monde d'en bas a des répercussions dans la « nappe » d'Hiroshima. Par exemple, au moment où Emmanuelle Riva raconte à Eiji Okada qu'elle a été « folle à Nevers », l'image nous la montre, pour la première fois, descendre un escalier (l'escalier de l'hôtel, le lendemain de la première nuit). Le souvenir déclenche en parallèle le même mouvement dans la nappe Hiroshima qu'à Nevers. De même, les vues en contre-plongée des façades de Nevers alternent avec des vues en contre-plongée des rues d'Hiroshima, où marche Emmanuelle Riva, de nouveau en bas.

2. La théorie des catastrophes

C'est donc dans un jeu continuel d'établissement et de franchissement que se font et se défont les limites. Mais si certaines semblent délimiter deux continuums d'emblée, d'autres apparaissent au cours du film, lorsque survient la rupture d'un continuum. Ce phénomène de rupture mérite d'être considéré dans ses modalités comme dans ses conséquences.

En topologie, les transformations d'un continuum, ces déformations continues d'une figure qui maintient son identité, mènent pour finir à une rupture de ce continuum. Cette rupture est un passage d'une structure à une autre, qui « n'a été possible que par la lente préparation de la surface »[3]. Il s'agit

---

3. Granon-Lafont, *La Topologie ordinaire de Jacques Lacan*, *op. cit.*, pp. 21-22.

en fait d'une « dialectique, entre le continu de l'identique à l'identique, et une rupture structurelle »[4].

Cette dialectique nous est expliquée par René Thom dans le cadre de sa « théorie des catastrophes ». Il nuance le terme de « théorie » pour dire qu'il s'agit plutôt d'une « méthodologie, voire d'une sorte de langage, permettant d'organiser les données de l'expérience dans les conditions les plus diverses »[5]. En fait, la théorie des catastrophes lui permet d'expliquer la présence des structures, et de justifier dynamiquement leur apparition et leur stabilité[6]. C'est dire que cette théorie scientifique pourra nous servir ici pour étudier la structuration des films de Resnais. Nous avons vu que René Thom qualifiait de régulier un point x d'un espace substrat U tel qu'en tout point du voisinage de x dans U, le processus a même apparence qualitative qu'en x. En vertu de cette définition, les points réguliers forment un ouvert dans U. Le complémentaire, fermé, de cet ouvert, est dès lors le *fermé des catastrophes*. Tout point catastrophique z de ce fermé des catastrophes est tel qu'arbitrairement, près de z, il y a des points y appartenant à U où la morphologie n'a pas la même apparence qu'en z[7]. La catastrophe, ou rupture, se manifeste par un changement de la morphologie.

Une image, dans *Muriel*, vient illustrer ce phénomène : c'est celle de l'immeuble qui glisse. À plusieurs reprises reviennent des plans d'un immeuble sur pilotis, dont De Smoke, l'ami d'Hélène, explique aux parisiens qui ne connaissent pas Boulogne (Alphonse et Françoise), qu'il ne pourra jamais être habité, car il est construit sur une falaise, et glisse irrévocablement vers la mer. On retrouve ici l'idée d'une lente transformation, imperceptible (l'immeuble demeure tel qu'il est), qui

---

4. *Ibid.*, p. 23.
5. *Paraboles et Catastrophes, Entretiens sur les mathématiques, la science et la philosophie*, Paris, Flammarion, 1983.
6. *Modèles mathématiques de la morphogenèse, op. cit.*, p. 25.
7. *Ibid.*, p. 9.

débouche sur une rupture brutale, au moment où l'immeuble s'effondre du bord de la falaise.

Dans *Marienbad*, l'anecdote du talon cassé nous fournit un bon exemple, de la lente préparation d'une surface qui aboutit à une rupture. On a vu comment cette histoire, plusieurs fois reprise, prenait corps peu à peu. Or, avant l'aboutissement de l'histoire du talon, X essayait d'amener A à se souvenir de l'année dernière, et les premiers plans concernant le talon sont partie prenante de cet axe, et le relancent (ils introduisent notamment le souvenir de la chambre, par le biais des paires de chaussures éparpillées autour de A). Après la rupture, montrée, du talon, il y a une transformation. Quelques plans s'enchaînent, on retrouve la statue, les valseurs, les joueurs, puis la musique cesse. X et A sont sur un banc, et il lui dit : « Mais le temps, cela ne compte pas. Je viens maintenant vous chercher. » Le film change d'axe ; désormais, X va tenter de convaincre A de partir avec lui. La rupture du talon a entraîné une nouvelle orientation du film.

3. *Les points de rupture*

Si l'on veut étudier la façon dont s'accomplissent les ruptures dans les trois premiers longs métrages de Resnais, on peut s'attacher aux éléments qui les manifestent. En effet de nombreux éléments sont repris dans les variations au travers desquelles se fait et se *voit* la rupture. Parmi ces éléments, certains agissent comme des points de bifurcation, des carrefours ; ils semblent borner un continuum, et permettre la relance vers d'autres continuums. À côté d'eux on trouve le cas très spécifique d'éléments spéculaires, qui, topologiquement, sont en eux-mêmes constitutifs d'une rupture.

a. Les bornes

Ces bornes sont des éléments (des paroles, des objets, des signes visuels ou sonores) qui s'associent à un thème, mais, contrairement à ce qu'on avait vu concernant les enchaînements par similitude, ils ne participent pas à l'élaboration d'un continuum mais le délimitent, et servent à relancer le thème vers d'autres continuums. En cela, ils manifestent la rupture d'un continuum à un autre.

Tel est le cas du retour des choches, par l'entremise des dialogues, dans *Hiroshima*. Dans la première moitié du film, au lendemain de la première nuit, alors qu'Eiji Okada et Emmanuelle Riva s'habillent et se préparent à quitter l'hôtel, on entend en arrière fond sonore un bruit persistant de cloches. Ce bruit continue tandis qu'Emmanuelle Riva commence à parler, pour la première fois, de sa folie à Nevers. Le thème est repris alors que plus loin, dans le bar, elle raconte sa convalescence. Elle sort, dit-elle, de la folie. L'image nous la montre explorer sa chambre, tandis que sa voix *off* explique qu'elle recommence à entendre les cloches de la cathédrale. Le récit de la mort de l'allemand intervient presque aussitôt. Et Emmanuelle Riva, filmée dans le bar japonais en plan rapproché, raconte qu'elle *entend* la libération de Nevers, tandis que l'allemand agonise contre elle : « Les cloches de l'église Saint Étienne sonnaient... » On comprend donc que le thème des cloches borne la folie ; elles interviennent juste avant (à la mort de l'allemand) et après, au moment de la guérison. Ici, l'utilisation de ce motif permet de casser le déroulement chronologique du film, créant des ruptures qui nous font sauter d'un continuum à l'autre, d'une chambre d'hôtel d'Hiroshima au monde Nevers, de la convalescence d'Emmanuelle Riva à la mort (pourtant chronologiquement antérieure) de l'allemand.

Plusieurs exemples de ces bornes apparaissent également dans *Muriel*. Ainsi, à trois reprises revient une question, où un personnage demande à un autre s'il est déçu. Alors qu'Hélène s'apprête à sortir, le premier soir, après le dîner, un plan nous montre De Smoke devant la porte de l'ascenseur d'Hélène. La conversation d'Alphonse et d'Hélène se poursuit *off* — il lui demande : « Vous êtes déçue ? » Une dizaine de plans plus loin, tandis qu'à l'image Hélène et De Smoke montent les escaliers du casino, une conversation s'entame, *off*, entre Françoise et Bernard (on les verra sur la plage au plan suivant). Bernard repose exactement la même question à Françoise : « Vous êtes déçue ? » À ce moment, on quitte De Smoke (on verra, quelques scènes plus loin, Hélène sortir seule du casino). Cette question revient encore au milieu d'une séquence de plans très brefs. Françoise et Alphonse sont attablés dans une pâtisserie et, cette fois, c'est elle qui demande : « Tu es déçu ? » Ce plan trouve un dernier écho dans une séquence ultérieure, également hachée : Alphonse et Hélène mangent des frites dans un snack-bar, et Françoise dit qu'elle « regrette de connaître Hélène ».

On peut classer tous ces plans en deux groupes. Les deux premiers fonctionnent ensemble : dans chacun, la question est posée *off*, tandis que De Smoke apparaît à l'image. La répétition de la question permet un déplacement, une relance. D'un côté la conversation se termine, *off*, tandis qu'arrive De Smoke ; de l'autre, elle commence, toujours *off*, avant que ne disparaisse De Smoke. Entre-temps, on aura vu Hélène et De Smoke marcher vers le casino, et Alphonse fouiller dans l'appartement d'Hélène. Il y a eu comme un intermède, au bout duquel on revient au couple formé par Alphonse et Hélène. En effet, la répétition de la question introduit une scène où Bernard et Françoise en quelque sorte *redoublent* Alphonse et Hélène (ils semblent former un couple qui reflète le premier en plus jeune). Mais, dans l'intervalle, le couple de départ, a éclaté, Hélène semble maintenant intime avec De Smoke, tandis que Françoise confirme à Bernard qu'elle est avec Alphonse. Dans l'écart de la boucle qui nous ramène à la même question, il y a eu dédoublement, bifurcation.

Ensuite, le thème de la déception est repris différemment. Dans les deux derniers plans, on ne voit que Françoise et Alphonse, et la question est abordée *in*. Il y a comme un processus d'associativité qui nous mène à leur couple. D'Alphonse interrogeant Hélène, et de Bernard interrogeant Françoise, on ne garde que Françoise interrogeant Alphonse. C'est là encore une espèce de boucle qui est fermée. Mais ce troisième plan permet une relance, qui nous mène cette fois vers un quatrième, comme inversé, où, cette fois, c'est Françoise qui avoue être déçue. Le couple d'Alphonse et de Françoise, qui s'était affirmé au cours du film, va désormais péricliter.

Le même phénomène, toujours dans *Muriel*, vient affecter la reprise d'un souvenir, celui de l'argenterie fondue. Au premier acte, Hélène, qui fait les lits avec Alphonse, lui raconte qu'après un bombardement, pendant la guerre, elle avait découvert en regagnant la maison que l'argenterie avait coulé sur le sol, et que les draps étaient en cendres. « Bernard ne voulait plus me quitter », ajoute-t-elle. Au cinquième acte, Bernard reprend cette histoire. Il vient de tuer Robert, et a retrouvé Hélène à l'atelier. Il lui demande : « Tu te souviens du plafond crevé, du linge en cendres, de l'argenterie fondue ? » Au premier acte, ce souvenir des draps en cendres était apparu quand Hélène et Alphonse faisaient les lits ; au dernier acte, il resurgit parce qu'il y a eu dans l'atelier de Bernard une explosion (on voit de la fumée, les murs sont calcinés). Le souvenir sert de point de bifurcation entre les deux scènes : encore une fois le retour d'un élément marque dans son retour même une profonde transformation. En effet, un instant, Hélène et Bernard revivent leur relation telle qu'ils la vivaient lorsqu'il était enfant ; elle l'embrasse, lui caresse les cheveux. Mais tandis qu'à l'époque il ne voulait plus la quitter, au dernier acte, il part et la quitte.

b. Les miroirs

À côté des bifurcations organisées à partir d'éléments de ce type, on trouve des ruptures provoquées par les miroirs, qu'il s'agisse de miroirs montrés, ou, de façon plus imperceptible, de dispositifs spéculaires mis en place dans les images mêmes du film. Le miroir joue un rôle très spécifique dans le domaine topologique. En effet, la figure du miroir y est en elle-même constitutive de rupture. Selon Johann Listing, l'image virtuelle d'un objet placé devant un miroir est géométriquement identique dans toutes ses dimensions avec l'objet et ne lui est distincte que du seul point de vue topologique [8]. C'est que deux figures sont dites identiques en topologie lorsque l'on peut passer de l'une à l'autre par une déformation continue ; or, entre un objet et son reflet, existe le plus souvent dans l'objet au moins une torsion (vers la gauche ou vers la droite) qui sera inversée par le miroir (et deviendra torsion vers la droite ou vers la gauche), ce qui empêche la déformation continue de l'objet à son reflet. Par exemple, si, dans un nœud, un brin venant de gauche passe *par-dessus* un brin venu de droite, le reflet du noeud nous montrera le brin venant de gauche passer *en dessous* du brin venant de droite : or, on ne peut par une déformation continue faire passer ce qui est dessous, dessus, ou ce qui est sur l'envers, sur l'endroit.

Jeanne Granon-Lafont nous donne l'exemple de la bande de Moebius. Une bande de Moebius est une bande à laquelle on a donné une torsion (faisant passer l'envers à l'endroit, et vice versa), puis dont on a collé les extrémités ensemble de manière à refermer une boucle.

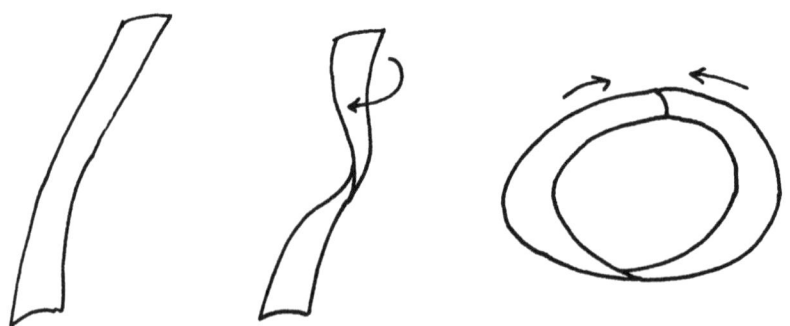

8. *Introduction à la topologie*, Paris, Navarin Éditeur, 1989, p. 37.

Imaginons que nous formions une bande de Moebius en tordant la bande vers la droite, puis une autre, en tordant cette autre bande vers la gauche. La torsion contraire des deux bandes les différencie de façon sûre, même si elles peuvent, au premier regard, sembler identiques. Jeanne Granon-Lafont affirme : « Dans ce domaine où les formes sont souples comme du caoutchouc, il n'est pas si courant de trouver deux formes dont on sache avec certitude qu'elles sont différentes. Or il est impossible de transformer de façon continue une bande de Moebius gauche en une bande de Moebius droite [9]. »

Le passage par le miroir introduit donc une différenciation radicale qui, topologiquement, est une rupture. Or, on trouve dans les trois premiers longs métrages de Resnais de nombreuses ruptures formées à partir d'une grande variété de dispositifs. Souvent, les choses, répétées, sont reprises sous une forme inversée (les personnages, par exemple, effectuent des trajets en miroir). On trouve également tout un jeu avec ce qui a trait aux torsions, jeux de miroirs qui opposent la droite et la gauche, ou qui, comme on l'a vu pour le nœud, font passer le dessous dessus, ou le devant, derrière.

Mais il y a tout d'abord, de la façon la plus évidente, le cas de jeux avec les miroirs du décor. On en trouve un grand nombre dans *Marienbad*. Ainsi, par exemple, au début du film, le premier plan où apparaît X nous laisse voir, dans le miroir derrière lui sur sa gauche, un couple dont il écoute manifestement la conversation (conversation qui nous est donnée au premier plan dans la bande sonore). La caméra se déplace vers la droite, quittant X pour se centrer sur le miroir et les amants qui s'y reflètent. Ils commencent à se déplacer, se rapprochant du miroir et donc grossissant : au moment où ils disparaissent du miroir, ils apparaissent sur la droite de l'écran, passent devant le miroir et traversent le champ. À ce moment, X a disparu. La caméra suit le couple, le laisse s'éloigner dans l'embrasure de la porte (à côté du miroir), tandis que deux

---

9. *Op. cit.*, p. 94.

nouveaux personnages qui les croisent avancent face à la caméra qui, abandonnant le couple précédent, les accompagne en travelling arrière. Le cadre finit par englober A, qui se trouvait à côté de l'embrasure (sur la gauche, tandis que X au début du plan était à droite). La « sortie » du miroir des amants a provoqué un basculement ; on est passé de X à A. Mais ce basculement est aussi une double libération, puisque le reflet s'actualisera doublement : dans les amants eux-mêmes, hors du miroir, mais également dans A et X, qui apparaissent ici pour la première fois du film, et qui vont reprendre et rejouer les attitudes, les protestations, les secrets qui marquaient la conversation des amants. Ce « franchissement » du miroir oppose les mondes contradictoires, sans communication possible, de A et de X, et il nous fait basculer dans leur histoire.

Lorsque le miroir n'est pas *montré*, comme élément du décor du film, il peut pourtant être présent. On trouve ainsi de nombreux dispositifs spéculaires mis en place dans le montage. Ce type de structure où une scène reprend à l'inverse une scène précédente apparaît, par exemple, notamment avec l'immeuble de Robert, qui revient à deux reprises dans *Muriel*. La première fois, un plan de demi-ensemble nous montre Robert à la fenêtre d'un immeuble avec deux amis. Ils rient, tandis que Robert dit : « On t'apportera des oranges. » Le contrechamp, au plan suivant, nous mène à Bernard, qui hausse les épaules et sort du champ. La scène de la fin du film où celui-ci tue Robert est préparée par ces deux plans, de deux secondes chacun. Dans cette scène ultime, c'est Bernard que nous voyons, en premier, et à nouveau filmé en plongée, appeler Robert. En contrechamp, celui-ci, à sa fenêtre, filmé en contre-plongée, répond : « Bon », et rentre dans sa chambre. Tandis que Bernard s'exclame, *off* : « Ne descends pas ! », nous voyons Robert en plan moyen, apparaître devant la porte de son immeuble. Un coup de feu retentit, et Robert tombe. La reprise des mêmes éléments (la plongée pour l'un, la contre-plongée pour l'autre à sa fenêtre) se fait dans un ordre inversé : la première fois, Robert apparaît avant ; la deuxième fois, c'est Bernard.

Cet effet d'inversion, de torsion, révèle une rupture, il manifeste le renversement des rapports entre les deux protagonistes, où Bernard, de menacé, devient menaçant.

Dans *Marienbad*, on trouve un autre exemple du rôle du miroir à l'occasion des trajets de X, M et A. Là encore, le miroir n'est pas expressément montré, et pourtant, il y a du spéculaire dans la façon dont les personnages reprennent en sens inverse leurs trajets respectifs. Ainsi, juste après la scène où l'on a vu M tirer et A, morte, un plan nous montre M, avançant de face dans un couloir. À un carrefour, il se tourne vers la *gauche* et la caméra suit son regard pour rattraper X et A, qui sont un peu plus avant dans le couloir adjacent. X dit : « Et maintenant vous êtes là de nouveau. Non, cette fin n'est pas la bonne. C'est vous vivante qu'il me faut ». A lui répond qu'il délire, et revient vers le carrefour, pour tourner à *droite*, et repartir par où M était venu. Le même trajet est effectué deux fois ; une fois par M, avec une torsion gauche, une autre fois par A, avec une torsion droite. Entre-temps, l'histoire est relancée et prend une nouvelle bifurcation : A n'est pas morte, elle va s'enfuir avec X. La structure en miroir a introduit une rupture.

D'autres structures spéculaires se révèlent, cette fois de façon spécifiquement topologique, dans la mise en évidence de torsions. Entre un objet marqué par une torsion vers la droite et un autre (son reflet), marqué par une torsion vers la gauche, le passage par une déformation continue est impossible : il y a donc une rupture irréductible.

C'est ainsi que, dans *Hiroshima*, le passage de l'univers d'Hiroshima à celui de Nevers, c'est-à-dire d'une nappe à une autre, se fait par un élément de bifurcation, repris en miroir. C'est un faux raccord qui nous mène du premier lieu au second. Le lendemain de la première nuit, Emmanuelle Riva, sortie sur le balcon pour boire du thé, revient vers la chambre. On aperçoit alors en contrechamp Eiji Okada dormir sur le lit. Il est filmé en plan moyen ; son corps est allongé horizontalement (la tête vers la droite), mais son bras décrit une oblique vers le bas de l'écran. Sa main est au centre, au premier plan, la paume tournée vers le haut. Un contrechamp nous ramène à Emmanuelle Riva, de face, en plan rapproché. Le plan suivant est le gros plan d'une main. C'est un « faux » contrechamp, car le plan paraît reprendre en plus serré l'avant-dernier plan avec Eiji Okada : en effet, la main filmée en gros plan est prise à peu près sous le même angle, et dans le même axe par rapport au bras et au corps, que celle d'Eiji Okada ; de même, dans les deux plans, la paume est tournée vers le haut. Pourtant, malgré ces similitudes, la rupture est immédiatement perçue. La blancheur du drap a laissé place au gris d'un sol, la main est maculée de terre, et le bras n'est plus nu, mais recouvert d'une manche de manteau. Puis, surtout, immédiatement, la caméra remonte le long du bras pour venir cadrer le visage ensanglanté du jeune homme et la jeune femme qui l'embrasse (que l'on devine être Emmanuelle Riva). Se déroule sous nos yeux, brusquement, un drame dont nous ignorons tout, dont nous devinons qu'il est un souvenir d'Emmanuelle Riva. Mais tout de suite, un plan nous ramène à Eiji Okada. Il est filmé plus serré, toujours sous le même angle. Nous sommes de retour à Hiroshima. C'était la première fois dans le film qu'apparaissait l'histoire de Nevers, or on s'aperçoit qu'en fait Nevers survient comme un reflet : une main, une autre main. Ce rapport spéculaire est confirmé par l'inversion, d'un plan à l'autre, de la position du pouce. On passe en effet de la main droite d'Eiji Okada à la main gauche de Bernard Fresson ; certes, les deux paumes sont tournées vers le haut, mais comme Eiji Okada dort sur le ventre, alors que l'allemand est sur le dos, le pouce du soldat est tourné vers nous, du côté du premier plan, vers la droite, tandis que celui du japonais est tourné vers son corps, et pointe vers l'arrière-plan gauche. L'enchaînement par similitude est donc compliqué d'un rapport spéculaire, qui indique qu'on ne reste pas dans le même continuum, mais qu'au contraire on saute vers une autre nappe, qu'il y a rupture.

Dans *Marienbad*, la scène de A devant sa coiffeuse nous fournit un autre exemple de la rupture introduite par l'opposition de la droite et de la gauche. Le plan cadre un miroir, qui reflète A, assise sur le bord de son lit, et la coiffeuse à trois glaces qui lui fait face. Si l'on se réfère à un observateur qui la considère depuis le pied du lit, elle paraît être assise sur le côté droit du lit (en fait, comme on la voit reflétée dans un miroir, elle est assise sur le côté gauche) et elle regarde vers la gauche de l'écran. Le plan suivant nous fait « sortir » du miroir : la caméra ne filme plus le reflet de la nuque de la jeune femme, mais bien la nuque elle-même, directement. Tout ce plan semble avoir subi une torsion par rapport au précédent, une torsion dans l'autre sens : A est assise sur le côté gauche du lit, et elle regarde vers la droite de l'écran. Cette scène va en engendrer une autre, beaucoup plus loin dans le film, où A s'allonge sur son lit. Quatre plans s'enchaînent très rapidement : on voit la jeune femme arriver par la droite du lit, puis s'allonger face à nous (les jambes vers la droite), puis elle arrive par la gauche du lit, et s'allonge dans la même position, mais symétriquement (les jambes vers la gauche), puis, de nouveau elle arrive par la droite et s'allonge, et puis, encore, par la gauche. La scène fait alterner une image et son reflet, et nous fait sentir tout ce qu'il y a d'irréconciliable dans cette alternative. A qui vient de gauche et A qui vient de droite appartiennent à des mondes différents. Les plans qui vont suivre déplient cette amorce ; la jeune femme effectuera ces différentes possibilités, on la verra tantôt à droite, tantôt à gauche sur le lit.

    Nous avons quitté A, allongée sur le côté gauche du lit après la succession des quatre plans. On frappe à la porte, et, en contrechamp, M entre (c'est la scène où il trouve la photographie dans le secrétaire), tandis qu'au premier plan on aperçoit la jeune femme, qui cette fois est allongée sur le lit par le côté *droit*. M ressort de la chambre, et le plan suivant nous montre A, dans une autre robe (la fameuse robe avec son décolleté bordé de plumes), mais toujours allongée sur le côté droit du lit. La voix de X commente, *off,* « Une fois la porte refermée... » X entre dans la chambre, A lui fait signe de partir, et le plan suivant nous montre M, tirant un coup de pistolet. Dans la succession de plans qui s'ensuivent, A gît sur le lit, les jambes du côté *gauche*, cette fois. Le faux raccord entre les deux plans qui nous montrent A allongée par le côté droit du lit (et qui font, l'un, sortir M, l'autre, entrer X) nous donnent l'impression que les deux plans se succèdent chronologiquement, et ce bien que la femme ne porte plus la même robe. D'ailleurs, cette impression est accentuée par le récit *off* de X qui lie chronologiquement les deux plans entre eux ; c'est à dire qu'une fois M sorti, alors qu'un faux raccord nous montre A dans sa robe à plumes sur le lit, (ce qui nous ferait croire qu'une ellipse nous a projetés dans un ailleurs temporel), nous entendons, *off*, M raconter : « Une fois la porte refermée... » Pourtant cette impression de continuité chronologique est immédiatement brisée, après que A a fait signe à X de partir, par un plan de M, près de la fenêtre, *dans* la chambre d'où on l'avait vu sortir. Il tire sur A. Il n'est plus question de X qui a comme disparu. En fait, la scène glisse dans un illogisme total. Si M était dans la chambre, comment A a-t-elle pu faire signe à X de s'en aller, de façon aussi voyante (elle faisait de grands gestes avec les bras) ? Pourquoi regardait-elle, affolée, à droite, à gauche, dans toutes les directions, alors que, par un raccord à appréhension décalée, on croit comprendre que M n'était pas *sur le point* de surgir dans la chambre, mais *déjà* dans la chambre ? Comment X a-t-il disparu (ou a-t-il échappé à la vengeance de M) ? Peut-être faut-il chercher la genèse de toutes ces contradictions dans la succession des quatre plans de A s'allongeant sur le lit (par la droite, par la gauche, et par la droite et par la gauche). C'est comme si cette aberration, cette coexistence impossible, de deux images appartenant à deux mondes sans communication possible (le monde « actuel », le monde dans le miroir), avait engendré une deuxième histoire, à côté de celle racontée par X, deuxième histoire appartenant à un autre monde, et entrant donc violemment, irréductiblement en conflit avec la première, comme si chacun des mondes portait en lui, nécessairement, la négation de l'autre. D'où l'illogisme de la scène : X raconte une histoire, mais qui ici sera empêchée (elle sera reprise et achevée ultérieurement, lorsque X entre dans la chambre de A pour la violer et s'écrie : « Non, ce n'était pas de force !... »). Cette histoire, du côté du son (le monologue *off*), essaie de relier, de coudre entre eux les deux plans (de M sortant et de X entrant), de les affirmer comme continus. Du côté de l'image, il y a pourtant déjà une faille, puisque A a changé de robe. Les choses continuent de se dérégler, la femme fait de grands signes, M apparaît, puis il tire. L'histoire de X a été totalement parasitée par cet autre monde, perturbateur, qu'a engendré l'apparition du reflet de A s'allongeant sur son lit. On pourrait même avancer qu'un monde correspond à la sphère de M, et un autre, à la sphère de X, et que toute la scène les affronte, le récit *off* de X étant sans cesse contredit par les irruptions de M, qui entre dans la chambre alors qu'on attendait X, qui resurgit alors qu'on le croyait sorti, qui éclipse X et tue A.

Considérons une autre sorte de rupture introduite par le miroir dans les rapports du dessous et du dessus, ou du devant et du derrière. Un nœud où le brin droit passe sous le brin gauche devient, reflété par un miroir, un nœud où c'est le brin gauche qui passe sous le brin droit. Le brin droit passait par dessous : il passe par dessus. Or, le passage de l'un à l'autre est topologiquement impossible : il s'agit d'un changement de structure, c'est-à-dire d'une rupture. Dans *Marienbad*, par exemple, le plan où X montre à A sa photographie, et lui dit : « Vous refusiez, disant que ça vous mettait mal à l'aise », ce à quoi elle répond : « J'avais raison », s'achève par un étonnant faux raccord où la femme éclipse littéralement l'homme : alors qu'ils marchent côte à côte, elle, sur la gauche, le dépasse et commence à passer devant lui (entre lui et la caméra), puis après un *cut*, le plan suivant s'enchaîne dans la continuité du mouvement de la femme qui se retrouve maintenant à la droite de l'homme. Mais, dans l'intervalle, le décor a changé, d'un plan à l'autre. Il s'agit encore d'un faux raccord : en fait, l'éclipse de X par A nous a fait bifurquer, basculer ailleurs. Le passage par devant, et de la gauche à la droite, a entraîné une rupture du continuum.

Comme on le voit, les films de Resnais considérés ici se font, autant que par la formation de continuums, par des ruptures incessantes. C'est que les continuums, à mesure qu'ils se forment, se transforment, pour en venir finalement au point de catastrophe où ils se rompent. Comme le résume Deleuze, « les transformations ou nouvelles répartitions d'un continuum aboutiront toujours et nécessairement à une fragmentation »[10].

4. La fragmentation

En effet, toutes ces ruptures amènent une grande fragmentation des films de Resnais. Sans doute s'agit-il d'un *effet* de fragmentation, qui repose sur un ensemble très construit où tous les disparates se tiennent. Nous sommes ramenés à l'idée d'une unité transversale qui, « sans jamais ramener le multiple à l'un », affirme « l'idée très originale *de* ce multiple là, affirmant sans les réunir tous ces fragments irréductibles au Tout »[11]. C'est ainsi que Dominique Chateau et François Jost ont pu analyser dans l'agencement interséquentiel des films de Robbe-Grillet des « téléstructures », qui peuvent être non narratives — la dépendance de deux séquences reposant sur des réservoirs lexicaux ou sémantiques communs, ou encore, en deçà de la diégèse, sur l'ordre des occurrences d'unités pertinentes dans chaque séquence[12].

L'effet de fragmentation engendré par les films de Resnais nous fait penser par analogie à ce que Bruter dit du développement embryologique d'un objet. Il appelle centre organisateur le point de départ de ce développement, et nous explique que l'effet du déploiement de chaque centre organisateur

---

10. *L'Image-temps, op. cit.,* p. 157.
11. Deleuze, *Proust et les Signes, op. cit.,* pp. 152-153.
12 *Nouveau cinéma, nouvelle sémiologie, Essai d'analyse des films d'Alain Robbe-Grillet*, Paris, Union Générale d'Éditions, Coll. « 10/18 », 1979, pp. 187-188.

est de développer l'étendue de ce centre et d'en faire un territoire, lequel se différenciera pour donner naissance à deux territoires, après qu'est apparu dans le premier territoire un second centre organisateur : « dans le développement embryologique d'un objet, chaque situation de bifurcation s'accompagne de la naissance d'au moins un centre organisateur, et d'une différenciation concomitante de l'objet en sous-objets spécialisés » [13]. Deleuze parle, lui, de la « transformation du boulanger » : « un carré peut être étiré en rectangle dont les deux moitiés formeront un nouveau carré, si bien que la surface totale est redistribuée à chaque transformation. Si l'on considère une région de cette surface aussi petite que l'on veut, deux points infiniment proches finiront par être séparés, chacun réparti dans une moitié, à l'issue d'un certain nombre de transformations [14]. »

Les ruptures mènent ainsi à de constantes redistributions des éléments dans de nouveaux continuums, et provoquent une fragmentation extrême. Des trois premiers longs métrages de Resnais, *Muriel* est particulièrement intéressant à étudier sous cet angle. On y trouve, notamment, une longue scène à l'intérieur d'un café, dont le montage fonctionne selon un système très complexe d'oppositions et de mises en parallèle, et qui illustre bien le jeu de la fragmentation progressive. Au début de la scène, deux panoramiques dans le café embrassent plusieurs personnages dans un même plan : un premier panoramique nous montre Ernest, puis Robert qui arrive du fond du café, et enfin Bernard, qui apparaît dans le champ lorsque Robert le rejoint ; un autre panoramique accompagne Alphonse, qui vient saluer les deux garçons. Le fait d'englober plusieurs personnages dans un même plan installe une continuité spatiale et temporelle. Pourtant, le montage ultérieur de la scène vient battre en brèche cette impression de continuité. Très haché, il oppose, dans une succession de plans très brefs

---

13. *Topologie et Perception, op. cit.*, p. 13.
14. *L'Image-temps, op. cit.*, p. 156.

(en moyenne, d'une demi-douzaine de secondes), des plans rapprochés des quatre protagonistes, heurtant les bribes des deux conversations (celle d'Alphonse avec Ernest et celle de Bernard avec Robert). Cette fragmentation est progressive. Après le second panoramique, un plan isole Alphonse et Ernest, mais le lien avec les autres personnages est gardé car Alphonse dit à Ernest, en parlant de Bernard : « Tais-toi, je connais ce garçon ! » Au plan suivant, commence entre Bernard et Robert une conversation, mais Alphonse est encore dans le champ (Bernard est de face, au premier plan à droite, tandis qu'Alphonse apparaît en profondeur de champ). Le plan suivant isole de nouveau Ernest et Alphonse, qui entament à leur tour une conversation. Une première coupure s'est installée, entre les deux conversations, coupure qui s'affirme dans un plan en profondeur de champ qui reprend en plus éloigné le plan où Bernard était au premier plan et Alphonse assis au fond : cette fois, Ernest et Robert sont également pris dans le champ, et le plan oppose le couple Bernard-Robert, au premier plan, et le couple Alphonse-Ernest, au fond. Suivent neuf plans qui font rigoureusement alterner les deux conversations. Ils consistent en des plans rapprochés, puis des gros plans, des quatre personnages [15].

Le système qui consiste à faire alterner les deux conversations se complique de deux autres systèmes. Le premier associe Bernard et Alphonse d'une part, et Ernest et Robert d'autre part. Un plan avait mis en place ce deuxième système, celui qui réunissait Bernard au premier plan et Alphonse en arrière plan. Cette partition est celle des « agressés » contre les « agresseurs » (Ernest et Robert, menaçants), des personnages principaux (Alphonse et Bernard) contre les personnages secondaires. Dès lors, l'alternance des deux conversations fonctionne par couples. Ces couples sont révélés par la similitude de leur position par rapport à la caméra. Ainsi, Alphonse et Bernard appa-

---

15. Alphonse, puis Bernard, puis Ernest, puis Robert, puis de nouveau Alphonse suivi de Bernard, et de nouveau Ernest puis Robert, et enfin Ernest...

raissent à la suite, filmés de profil ; puis Ernest et Robert se suivent, tous deux de face ; Alphonse et Bernard reviennent, chacun filmé de trois quarts face ; et enfin Ernest et Robert suivent, de nouveau filmés de face. Cet enchaînement de couples, enfin, est compliquée d'un troisième système d'opposition, celui de la droite et la gauche. Dans le couple des « agresseurs », Ernest est filmé les yeux tournés vers la droite, tandis que Robert a les yeux tournés vers la gauche. Suivant la logique des raccords de regards de chaque conversation, chez les « agressés », Alphonse est filmé tourné vers la gauche, tandis que Bernard est toujours tourné vers la droite. On a donc : Alphonse de profil vers la gauche, puis Bernard de profil vers la droite. Ensuite, Ernest, de face, a les yeux tournés vers la droite, tandis que Robert, également de face, a les yeux tournés vers la gauche. Puis, Alphonse et Bernard reviennent, tous deux de trois-quarts, mais Alphonse vers la gauche, et Bernard vers la droite. Ernest et Robert suivent, de face encore, mais en plus rapprochés, Ernest les yeux toujours vers la droite, Robert toujours vers la gauche.

Ces systèmes d'opposition créent une fragmentation extrême. Toute la scène va de rupture en rupture. C'est une première rupture entre les deux histoires (Muriel d'un côté, le passé d'Alphonse de l'autre), qui se manifeste dans le morcellement des conversations, rigoureusement alternées d'un plan à l'autre. Puis une deuxième rupture intervient, qui sépare les « agresseurs » des « agressés », et vient recouper la première séparation. Dès lors, chaque personnage est isolé, ce qui est manifesté par le système d'alternance gauche-droite, qui oppose les personnages au sein même des couples des « agresseurs » et des « agressés ». À ce sujet, Deleuze cite Stengers qui décrit ainsi le fonctionnement topologique : « Une région, si petite soit-elle, sera fragmentée, en même temps que ses points les plus proches passeront chacun dans une moitié ; toute région d'un continuum pourra commencer par se déformer de manière continue, mais finira par être coupée en deux, et ses parties à leur tour seront fragmentées [16]. »

De même, *Muriel* est un film du dédoublement. Ainsi que le fait remarquer Marie-Claire Ropars, il y a deux histoires dans *Muriel*, et les événements y sont constamment dédoublés « par les rapports de symétrie ou de contrepoint qui s'établissent entre les deux histoires » [17]. On trouve ainsi dans le film deux plans d'Hélène qui range dans sa cuisine (la première fois, ses clefs, dans la boîte à biscuits, et la deuxième fois, des cartons, en haut d'une armoire), ou encore deux plans où Hélène va à la gare. Françoise demande à Bernard : « Mais vous devez connaître tout le monde ? », puis ailleurs c'est Hélène qui s'exclame, après qu'Alphonse a salué un passant : « Mais vous connaissez tout Boulogne ! » On voit également deux clientes visiter l'appartement-boutique d'Hélène : lors de la première scène, une cliente, seule, puis, beaucoup plus loin dans le film, une cliente, cette fois accompagnée de son mari. C'est durant ce second passage qu'Hélène ouvre la porte de sa chambre pour montrer un meuble, et laisse voir aux clients Alphonse, endormi sur son lit. Ce dédoublement se complexifie sans doute d'un autre dédoublement, concernant les personnages. En effet, dans le premier passage, la cliente mentionne son mari, absent, tandis que dans le deuxième passage le mari est présent. Ainsi que le remarque Marie-Claire Ropars, « cela pourrait constituer une image lointaine d'Hélène attendant Alphonse au début, et d'Hélène avec Alphonse à la fin » [18].

C'est surtout ce dédoublement des personnages qui frappe dans *Muriel*. On l'a vu avec la phrase « Ne ferme pas les yeux, Marie-Do ! », Marie-Do vient redoubler Muriel. Mais à son tour Françoise est également mise en parallèle avec Marie-Do. En effet, un plan très court nous montre Bernard, en solex, rejoindre Françoise et lui taper sur l'épaule, tandis que plus

---

16. *L'Image-temps, op. cit.*, p. 157.
17. *Muriel, op. cit.*, pp. 29-30.
18. *Ibid.*, p. 45.

loin, dans un autre plan, Marie-Do arrête Bernard qui passe sur son solex. C'est ainsi que la fonction actantielle qui est celle de la fiancée de Bernard est remplie tour à tour par Muriel, par Marie-Do, et par Françoise, de façon détournée. En effet, tout au long du film, Françoise semble avoir avec Bernard une espèce de complicité ; ils partagent des moments d'intimité, notamment au cours de leurs deux discussions dans la chambre de Bernard. Cette impression d'une relation presque amoureuse est indirectement confirmée par des mises en parallèle du type de celle du solex. Françoise bascule presque dans le rôle de Marie-Do. On trouve ici l'amorce d'un procédé que Resnais radicalisera dans *Providence*, où les acteurs jouent brusquement le rôle d'autres personnages.

Tout *Muriel* est marqué par cette fragmentation d'une fonction actantielle entre plusieurs personnages. Ainsi la femme d'Alphonse, c'est aussi bien Hélène, son vieil amour, que Françoise, sa maîtresse actuelle, ou encore Simone, sa femme légitime. De même, Hélène a plusieurs hommes autour d'elle formant la figure du mari : Alphonse, Roland de Smoke et son mari décédé, Gérard Aughain. Comme le souligne Marie-Claire Ropars, « les personnages ne sont pas saisissables isolément ; ils s'organisent en fait en deux types de réseaux : un réseau vertical, souvent brouillé, où chaque personnage semble doublé d'un écho, lui-même parfois démultiplié ; et un réseau horizontal toujours instable, celui des couples qui ne cessent de changer » [19].

On voit ici qu'un réseau vertical vient recouper un réseau horizontal. On a vu également, avec l'exemple de la scène du café, qu'une partition entre « agresseurs » et « agressés » venait recouper la séparation entre les deux histoires (Muriel d'un côté, et la traque d'Alphonse par Ernest de l'autre). En fait, la fragmentation naît de recoupements, de remaniements qui s'opèrent d'une nappe à l'autre, qu'une nappe opère sur une autre. On peut également penser au fait que *Marienbad* est

19. *Ibid.*, p. 26.

construit comme un jeu, et comporte de nombreuses représentations de scènes de jeu. En effet, le jeu de cartes reprend ce principe d'une redistribution perpétuelle des cartes, à chaque coupe, à chaque donne, qui engendre toujours de nouvelles combinaisons. Un « ensemble de transformation de nappe en nappe, avec les redistributions de fonction et les fragmentations d'objets »[20] se forme, une dynamique telle qu'on a pu la voir à l'œuvre dans *Muriel*.

5. Les interactions

Il s'agit donc d'un système d'interactions, puisqu'un événement qui survient dans un continuum provoque des modifications dans tous les autres continuums. C'est ainsi que la topologie, qui se penche sur le problème des positions d'un objet dans l'espace par rapport à d'autres objets, marque bien le fait que lorsqu'un objet B change de position par rapport à un objet A, la position de l'objet A par rapport à l'objet B est également modifiée. En effet, pour déterminer topologiquement la position de B par rapport à A, on crée une « forme comportant les trois chiffres 1, 2, 3, dans n'importe quel ordre et avec des signes quelconques, forme dans laquelle les trois chiffres indiquent, selon l'ordre choisi, ceux des trois côtés de B, qui sont orientés de la même façon que les côtés 1, 2, 3 de A »[21]. C'est-à-dire que si le côté 2 de B est orienté de la même façon que le côté 1 de A, son côté 3 que le côté 2 de A, et son côté 1 que le côté 3 de A, on pourra noter la position de B :

$$pos (A) B = 2, 3, 1.$$

On pourra ensuite *intervertir* la position donnée de B en A, c'est à dire faire dériver d'elle la position de A en B. On devra alors mettre, au lieu du membre 1 qui se trouve à la troisième place, 3 à la première place ; au lieu du membre 2 qui se trouve à la première place, 1 à la deuxième place, et au lieu du mem-

---

20. Deleuze, *L'Image-temps, op. cit.*, p. 160.
21. Listing, *Introduction à la topologie, op. cit.*, p. 27.

bre 3 qui se trouve à la deuxième place, 2 à la troisième. On obtient ainsi :
$$\text{pos (B) A} = 3, 1, 2\ ^{22}.$$
À partir de ce fonctionnement, qui nous permet de faire dériver d'une position de B en A la position de A en B, on peut imaginer comment, dans les films de Resnais, une transformation dans une nappe remanie les autres nappes et comment se font les interactions entre les nappes.

C'est ainsi que dans *Hiroshima* de nombreux exemples manifestent des répercussions entre les nappes de Hiroshima et de Nevers. On l'a vu, si les cloches sonnent la première fois qu'Emmanuelle Riva parle à Eiji Okada de Nevers, c'est, on le comprendra ensuite, parce que les cloches ont borné sa folie à Nevers. De même, l'opposition entre le haut et le bas, qui sépare les amants de Nevers du reste de la ville, se répercute dans la nappe Hiroshima, car Emmanuelle Riva descend les escaliers lorsqu'elle raconte qu'elle a été « folle, à Nevers », et les rues d'Hiroshima finissent par être, comme celles de Nevers, filmées en contre-plongée. De même, toujours dans *Hiroshima*, le thème du cycliste revient souvent dans le film, sous deux aspects : des groupes de cyclistes anonymes à Hiroshima, Emmanuelle Riva sur sa bicyclette à Nevers. Dans les deux cas où ils apparaissent, les groupes de cyclistes japonais nous ramènent, à première vue, aux amants d'Hiroshima. Le premier groupe survient après un fondu au noir (le fondu au noir qui clôt la première nuit). Les cyclistes sont filmés en plongée, un panoramique ascendant vers la gauche les accompagne puis les quitte, pour faire entrer Emmanuelle Riva dans le champ. Sur une terrasse, elle boit un thé et regarde la ville ; il fait jour, c'est le matin (juste après survient la scène qui rapproche, par la similitude de la position de leurs mains, Eiji Okada et le soldat allemand mourant). Le deuxième groupe de cyclistes japonais vient après une série de plans d'Hiroshima au crépuscule. Là aussi, ils sont filmés en plongée, mais cette

---

22. *Ibid.*, p. 31.

fois ils vont vers la droite. La caméra décrit un panoramique vers la droite, puis s'arrête sur la façade d'un bar, les laissant filer hors champ. Au plan suivant, à l'intérieur du bar, nous retrouvons Emmanuelle Riva et Eiji Okada. Dans les deux cas, les cyclistes nous conduisent aux amants d'Hiroshima. Mais ils nous ramènent également à la mort du soldat allemand, puisque le premier groupe précède la réminiscence de la main de l'allemand mort, et que le deuxième introduit la séquence du bar, au cours de laquelle Emmanuelle Riva raconte la mort du soldat. En fait, les cyclistes d'Hiroshima *redoublent* Emmanuelle Riva cycliste à Nevers. En effet, entre les deux passages aux cyclistes japonais, au cours de la séquence dans la maison d'Eiji Okada, des images de Nevers nous montrent Emmanuelle Riva dévalant la campagne à bicyclette, pour rejoindre le soldat allemand. En fait, les cyclistes japonais nous ramènent à l'allemand comme la bicyclette d'Emmanuelle Riva l'y amène. Il y a donc une interaction des deux nappes : les cyclistes d'Hiroshima lancent Nevers, mais parce qu'ils reprennent en écho le thème de la bicyclette d'Emmanuelle Riva. Par ailleurs, celle-ci, à son tour, nous amène vers le soldat allemand, mais également à Hiroshima, puisque c'est en bicyclette qu'elle va à Paris, où « le nom Hiroshima est sur tous les journaux », comme elle le dit elle-même. La boucle est bouclée, ou presque, puisqu'il y a eu entre-temps un déplacement, qui est la progression de l'histoire entre Emmanuelle Riva et Eiji Okada, à laquelle va se consacrer la fin du film.

Dans *Muriel* également une mise en interaction constante anime les deux histoires, celle d'Hélène avec d'Alphonse et celle de Muriel avec Bernard : « chacune à la fois recouvre l'autre et la relance »[23]. On a vu par exemple qu'il y a une répétition quand Françoise demande à Bernard : « Mais vous devez connaître tout le monde ? », tandis que plus loin Hélène s'exclame en voyant Alphonse saluer un passant : « Mais vous connaissez tout Boulogne ! » Or, entre les deux, un glissement

23. Ropars, *Muriel, op. cit.,* p. 29.

s'est opéré : la première remarque est faite par Françoise, celle des deux femmes qui est étrangère à Boulogne, tandis que la deuxième est proférée par Hélène, qui habite à Boulogne, et s'adresse à Alphonse qui y est étranger. D'une phrase à l'autre éclate toute l'opposition qui sépare les deux histoires. D'un côté, la première remarque est liée au thème de l'isolement de Bernard (qui répond à Françoise : « Vous croyez qu'on se connaît mieux parce qu'on s'appelle par son prénom ? »). On pense à Robert, avec qui Bernard a torturé Muriel et qu'il tuera à la fin, qui est, excepté Marie-Do, la seule connaissance de Bernard à Boulogne évoquée dans le film. L'opposition avec le deuxième plan se fait selon l'axe vérité-mensonge, car Bernard dénonce les relations illusoires, tandis qu'Alphonse, au contraire, recherche l'illusion de ce réseau de connaissances. Cet aspect est mis en relief vers la fin du film, lors d'une explication entre Hélène et Bernard : « Crois-tu que ce soit naturel qu'Alphonse voie autant de monde ? », lui dit-il. Cet axe vérité-mensonge reprend l'opposition entre Hélène et Alphonse qui s'inventent un passé, allant jusqu'à en parler au conditionnel (« Nous serions partis pour l'Afrique... »), et Bernard qui cherche au contraire à fuir un passé parfaitement connu (la guerre d'Algérie, la torture)[24].

Par ailleurs, de même que les événements d'une nappe ont des répercussions dans les autres nappes, les événements eux-mêmes sont remaniés lorsqu'ils sont repris d'une nappe à l'autre. Là encore, tout est affaire de position. C'est ainsi que dans *Marienbad* A se trouve sur une nappe où elle est très éloignée de X, puisqu'elle ne se souvient pas l'avoir connu l'année précédente à Marienbad, tandis que lui paraît se trouver sur une nappe où il est tout proche d'elle.

Dans *Hiroshima*, par exemple, le 6 août 1945, c'est, dans la nappe « Hiroshima », la destruction totale, et, comme le dit Emmanuelle Riva, les « 10 000ᵉ sur la place de la paix », « le fer brûlé, tordu, vulnérable comme la chair », les hurlements et les

---

24. *Ibid.*, pp. 29-30.

flammes. Mais dans la nappe Nevers, le 6 août 1945, c'est le jour où Emmanuelle Riva arrive à Paris ; c'est, comme elle le dit à Eiji Okada, « la fin de la guerre », et aussi la fin de la folie et de l'enfermement, le soleil et les gens dans les rues de Paris...

En fait, les événements ne sont jamais établis une fois pour toutes, figés, c'est-à-dire qu'ils « ne se succèdent pas seulement, ils n'ont pas seulement un cours chronologique, ils ne cessent d'être remaniés d'après leur appartenance à telle ou telle nappe de passé, à tel ou tel continuum d'âge, tous coexistants »[25]. C'est ainsi, par exemple, que dans *Hiroshima*, les cloches ramènent le monde d'Hiroshima vers la folie de Nevers, sans qu'on comprenne sur l'instant que c'est parce qu'il y avait des cloches à Nevers qu'il doit y en avoir à Hiroshima. La même chose se reproduit avec les cyclistes d'Hiroshima, qui apparaissent avant la bicyclette d'Emmanuelle Riva, bien que ce soit pourtant la bicyclette de Nevers qui, pense-t-on, leur a donné leur importance. Ce procédé qui consiste à présenter d'abord dans la nappe de Hiroshima, des thèmes qui viennent en fait (on le découvre ensuite) des événements antérieurs de Nevers, brouille le déroulement chronologique du film. Il s'agit certes d'un processus de réminiscence classique (on pense à la madeleine de Proust), mais encore compliqué par le fait que, contrairement à ce qui se passe pour les deux mains du soldat allemand et du japonais, cette réminiscence n'est explicitée qu'après coup.

La structure topologique de ces films, qui les fait fonctionner non pas dans un déroulement linéaire mais par des réseaux entre des nappes, perturbe donc leur chronologie.

---

25. Deleuze, *L'Image-temps*, *op. cit.*, p. 157.

Chapitre III
Les boucles du temps

Sans doute les trois premiers longs métrages de Resnais tentent-ils de proposer, au-delà des perturbations du déroulement chronologique, une autre vision du temps. Plus qu'à la retranscription d'une réalité, Resnais s'intéresse au fonctionnement psychique [1] : ses films s'élaborent comme des univers mentaux où la mémoire joue effectivement un grand rôle. En fait, pour Deleuze, le fonctionnement topologique des films de Resnais correspond à une théorie bergsonienne de la mémoire. Des recherches de Bergson, Deleuze tire lui-même une théorie de la représentation concernant le cinéma, et une conception plus générale du temps. Dès lors, après avoir analysé la représentation du temps dans les trois premiers films de Resnais (et ce notamment dans leur aspect topologique), je la confronterai à la théorie développée par Deleuze dans *L'Image-temps*.

1. La représentation du temps dans les films

Tout un travail de contradiction d'une représentation classique du temps est élaboré par Resnais dès *Hiroshima*. En

---

1. Youssef Ishaghpour, *D'une image à l'autre*, Denoël Gonthier, Coll. « Médiations », 1981, p. 182.

fait, dans ce film, parallèlement à l'histoire d'Hiroshima, se développe toute l'histoire de Nevers qui vient former, face à Hiroshima, une deuxième nappe coexistante. Tout commence avec le plan sur la main de l'allemand mort : le passé d'Emmanuelle Riva vient trouer le présent à Hiroshima ; à partir de ce plan très bref, il y a comme une cristallisation, et Nevers se déploie rapidement dans le film. A priori, le procédé est celui d'un flash-back traditionnel ; pourtant, déjà, c'est autre chose, car cette incursion dans le passé n'a pas pour but d'expliquer le présent (le présent que vivent, à Hiroshima, Eiji Okada et Emmanuelle Riva). On pourrait même dire que c'est Hiroshima qui engendre Nevers puisque c'est Eiji Okada qui provoque, pour Emmanuelle Riva, le souvenir de Nevers, tandis que Nevers n'explique pas ce qui se passe à Hiroshima. En ce sens, le film fait coexister Hiroshima et Nevers, plutôt qu'il ne les met dans un rapport chronologique ; de fait, tout au long du film, on observe une circulation constante entre ces deux nappes. Loin d'avoir une intrigue propre à laquelle seraient asservis des flashes-back, la nappe d'Hiroshima voit son histoire sans cesse remaniée et réorientée, relancée par les images de Nevers. C'est le cas, on l'a vu, lorsque la séparation topologique haut/bas qui oppose les amants de Nevers au reste de la ville, se répercute dans l'univers d'Hiroshima, où Emmanuelle Riva erre, dans les rues de la ville filmées en contre-plongée.

Le présent et le passé deviennent indiscernables, notamment dans le long récit de Nevers qu'Emmanuelle Riva entame dans le bar : elle raconte au présent, et s'adresse à Eiji Okada comme s'il était le soldat allemand (« ... *tu* es mort, je suis bien trop occupée à souffrir... »). Eiji Okada lui-même dit « je » pour parler du soldat de Nevers (« ... quand tu es dans la cave, je suis mort ?... »). Cette confusion des personnages est particulièrement aiguë dans un plan où Emmanuelle Riva crie, dans le bar japonais, qu'elle ne voyait, entre le corps mort de l'allemand et le sien, que des « ressemblances hurlantes ». Il n'y a pas de différence entre le mort et la vivante : ce qui est passé (mort) est aussi, et encore, présent (vivant). La rupture n'est pas là où on l'attend. Pour Emmanuelle Riva, le soldat mourra bien après sa mort physique, car il mourra lorsqu'elle l'aura oublié : c'est opposer le temps du souvenir et le temps chronologique.

En fait, cette persistance du mort à rester vivant, cette non-effectivité de la mort même (qui est pourtant l'essence de l'irrévocable) abolit le temps chronologique, puisqu'elle nie toute opposition entre l'avant et l'après. Certes il y a bien un déroulement chronologique de l'histoire de Nevers, mais le récit l'établit autant qu'il le brouille.

Par ailleurs, cette idée des « ressemblances hurlantes » est à double détente car le corps mort ressemble à la fois au corps vivant d'Emmanuelle Riva, et au corps d'Eiji Okada. On l'a vu, la main d'Eiji Okada, qui dort, ressemble à celle du soldat mourant. C'est à ce moment qu'Emmanuelle Riva commence à les assimiler, jusqu'à pouvoir dire à Eiji Okada : « ... *tu* es mort... » Ici, le soldat allemand ressemble à un corps appartenant à une autre nappe, à une autre époque. Mais, on l'a vu, le corps du japonais ressemble au corps de l'allemand mort comme un reflet (la connexion s'était faite par le rapprochement des deux mains, avec la torsion du pouce inversée), tandis qu'il ressemble à celui d'Emmanuelle Riva comme un prolongement, une extension (on la voit allongée sur lui). Ces deux ressemblances sont distinctes topologiquement, car d'un côté on a un continuum, et, de l'autre, une rupture, puisqu'il y a une relation spéculaire. La rupture n'est donc pas chronologique (car la ressemblance subsiste après la mort du soldat), mais bien topologique, entre une nappe et une autre : elle sépare Eiji Okada et le soldat, malgré leur ressemblance. Dans *Hiroshima mon amour*, donc, le temps représenté paraît être plutôt le temps du souvenir, qu'un temps chronologique qui ferait strictement se succéder les événements. Or le temps du souvenir fonctionne justement grâce à toute cette structure topologique, qui fait coexister des continuums, comme autant de régions de la mémoire venues refluer sur le présent, revécues au présent.

Marienbad va beaucoup plus loin dans ce domaine, car il y a une volonté claire d'empêcher toute reconstitution d'un déroulement chronologique quelconque. Tout le film réside dans un déploiement de la question suivante : que s'est-il passé l'année dernière à Marienbad ? A et X se sont-ils ou non rencontrés ? Lui prétend que oui, et elle, que non. Cette question est en fait très symptomatique, car elle représente la contestation même du système chronologique, qui veut que les faits du passé soient établis, et débouchent sur autre chose. Resnais dit ainsi que : « C'est un film sur les plus ou moins grands degrés de réalité. Il y a des moments où la réalité est parfaitement inventée, ou intérieure, comme lorsque l'image correspond à la conversation. Le monologue intérieur n'est jamais dans la bande sonore, il est presque toujours dans l'image, qui, même lorsqu'elle représente le passé, correspond toujours au présent dans la tête du personnage [2]. » En l'occurrence, rien n'est établi, et l'année dernière est comme perpétuellement reprise, rejouée. On ne sait jamais ce qui est au passé et ce qui est au présent. C'est ainsi qu'on se trouve devant des scènes très curieuses, comme celle où la voix de X raconte, *off*, le *souvenir* de sa rencontre avec A. Durant ce récit, on la voit à l'image qui « s'exécute », accomplissant au fur et à mesure du récit de X tous les gestes qu'il se remémore. Mais ce n'est pas du souvenir. En fait, A « rejoue » dans le souvenir de X, il la force à jouer dans son présent. On voit ici comment le fait que le récit, au passé et comme souvenir, de X, puisse précéder l'accomplissement des gestes de A, et même les *provoquer* (au présent ? Dans un flash-back ?), crée une impossibilité radicale de toute remise en perspective chronologique. Le jeu mal ajusté entre la narration *off* et les scènes montrées, de même que les faux raccords qui nous font sans cesse sauter d'une scène à une autre (sans qu'aucun lien ne permette de les situer chronologiquement l'une par rapport à l'autre), font que très vite on ne

---

2. Entretien avec Alain Resnais et Alain Robbe-Grillet, par André S. Labarthe et Jacques Rivette, *Les Cahiers du cinéma*, n° 123, septembre 1961, p. 4.

sait plus ce qui est flash-back et ce qui ne l'est pas [3]. D'ailleurs on pourrait dire que le film tend vers un état musical, en ce qu'il ne cherche pas tant à exprimer quelque chose, à mener une histoire, qu'à organiser une durée en combinant des éléments. Tout cela est lié à l'aspect topologique du film, car ces combinaisons impliquent que les éléments coexistent, qu'ils soient dans des voisinages spatiaux, et non dans des rapports de succession, figés et non interchangeables. On comprend donc comment la structure topologique de *Marienbad* lui permet de se rendre totalement anti-chronologique, pour se muer en un jeu de combinaisons quasi infinies, où chaque élément est repris et rejoué, dans d'incessantes nouvelles donnes.

Dans *Muriel*, Resnais revient vers un récit plus classique, avec une chronologie aisée à reconstituer. Cette fois, il n'y a même plus de flash-back : le passé est certes omniprésent, mais toujours par le biais des dialogues. Pourtant, le film est traversé par un dédoublement constant, qui naît du fait, au-delà de la dualité des histoires, que tout se passe à la fois au passé et au présent [4]. Ce dédoublement, par exemple, est marqué par le fait que Marie-Do « rejoue » Muriel, ainsi qu'on l'a vu. Comme elle, dont le cadavre avait gardé les yeux ouverts, Marie-Do ne doit pas fermer les siens. Et Bernard, qui veut filmer pour accumuler des preuves et, comme le dit Robert, pour « raconter Muriel », filme *Marie-Do* (et lui dit, alors qu'il la filme, de ne pas fermer les yeux). Même Robert semble faire le lien entre les deux femmes. Dans la scène du café, alors qu'il adresse à Bernard des menaces voilées quant à son intention de raconter Muriel, il lâche brusquement : « Méfie-toi de la petite Marie-Do ! ». Marie-Do rejoue donc, *au présent*, Muriel, qui appartient au passé des deux hommes. Toutes ces scènes au présent se dédoublent donc parce qu'elles révèlent au fur et à mesure qu'elles se déroulent tout le passé qu'elles charrient. Et, parce que tout se passe à la fois au présent et au passé, Muriel

---

3. Cf. Deleuze, *L'Image-temps, op. cit.*, p. 160.
4. Ropars, *Muriel, op. cit.*, p. 29.

peut à son tour prendre quelque chose de Marie-Do : Hélène croit ainsi que la fiancée de Bernard est Muriel, alors que c'est en fait Marie-Do. On retrouve ici quelque chose de la coexistence des nappes qu'on a pu observer dans *Hiroshima*. Chaque scène a ainsi des résonances causées par le fait qu'elle rejoue d'autres époques. Par exemple, au début du film, Alphonse parle à Hélène d'une lettre dans laquelle il lui aurait donné rendez-vous au Globe d'Or pour lui demander de l'épouser, lettre qu'Hélène affirme ne jamais avoir reçue. Or, à la fin du film, c'est Ernest qui dit : « Alphonse, pourquoi n'as-tu pas dit à Hélène que je lui avais donné rendez-vous un certain dimanche de septembre 40 au Globe d'Or ? » Là encore, l'épisode du Globe d'Or, qui appartenait au passé, est réactualisé par la déclaration d'Ernest. Alphonse n'a jamais donné rendez-vous ; quant à Ernest, dans l'instant même où il dit avoir autrefois voulu voir Hélène, il lui fait une déclaration qui se joue aussi bien au présent qu'au passé (au présent notamment pour Hélène, qui apprend seulement la chose). On comprend dès lors que la façon qu'a le présent de ne sembler s'écouler que pour réactualiser, expliquer et déployer le passé, casse l'impression première d'un déroulement linéaire, classique, et vient annihiler l'écoulement chronologique. Le titre complet du film est *Muriel ou Le Temps d'un retour*, et en effet, il nous semble assister, plutôt qu'à une progression, à un perpétuel retour des choses.

Les trois premiers longs métrages de Resnais offrent donc une représentation du temps qui diffère d'une conception classique où le montage fonde sur le mouvement, sur l'enchaînement des situations et des actions, et des actions avec les réactions, une représentation indirecte du temps. L'aspect topologique de ces films les amène à faire coexister différentes périodes, comprises comme des continuums voisins, et à se nourrir des tensions générées par leurs interactions. Le principe de coexistence spatiale remplace celui de succession chronologique. Cette dialectique entre succession et coexistence fait que l'image se trouve souvent être à la fois au présent et au passé.

Selon Deleuze, « les travellings de Resnais (...) opèrent une temporalisation de l'image ou forment une image-temps directe... »[5] C'est la remise en question de l'idée que l'image cinématographique serait toujours au présent. L'image doit faire coexister en elle un passé et un futur, car en fait, la « simple succession affecte les présents qui passent, mais chaque présent coexiste avec un passé et un futur sans lesquels il ne passerait pas lui-même »[6].

2. Le double jet du temps

Cette préoccupation d'une image qui contiendrait en elle l'avant et l'après rappelle ce que disait Lessing sur l'instant fécond. En l'occurrence, il s'agit d'une théorie de la représentation. Lessing avait tenté de critiquer l'axiome d'Horace, « ut pictoria poesis », qui, repris de façon déformée et rigide, avait fini par faire autorité à son époque. Pour distinguer la peinture et la poésie, il voulait montrer que la poésie est du côté de l'action, de la successivité, et donc du temps, tandis que la peinture doit traiter des corps coexitant dans l'espace. Mais, « s'il est vrai », dit-il, « que la peinture emploie pour ses imitations des moyens ou des signes différents de la poésie, à savoir des formes et des couleurs étendues dans l'espace, tandis que celle-ci se sert de sons articulés qui se succèdent dans le temps »[7], la peinture est également concernée par le problème du temps, car les corps coexistent non seulement dans l'espace, mais existent aussi dans le temps, où il ne cessent de changer. On peut donc représenter l'action en peinture, mais à partir des corps. C'est ici qu'intervient l'idée d'instant fécond, qui est « un seul instant de l'action », « celui qui fera le mieux comprendre l'instant qui précède et celui qui suit »[8]. En peinture,

---

5. *L'Image-temps, op. cit.*, p. 56.
6. *Ibid.*, p. 55.
7. *Laocoon*, Paris, Hermann, Coll. « Savoir/sur l'art », 1990, p. 120.
8. *Ibid.*, pp. 120-121.

les sujets doivent donc être représentés dans un instant qui contienne le passé immédiat et le futur imminent.

Ricoeur, qui se penche sur le problème du récit, s'attache également à cette idée d'un présent qui contienne le futur et le passé. Pour ce faire, il reprend la théorie du temps développée dans les *Confessions* de saint Augustin, et nous explique que ce dernier part de l'argument sceptique selon lequel le temps n'aurait pas d'être, puisque « le futur n'est pas encore, (...) le passé n'est plus et (...) le présent ne demeure pas »[9]. Or, dans le langage courant, nous pouvons parler du temps, et même le mesurer. Dès lors la question devient de savoir *comment* le temps peut, malgré tout, être. Mais de la question du *comment*, saint Augustin passe à la question du *où* : « si les choses passées et les choses futures sont »[10], il veut savoir où elles sont. Il en déduit que, où qu'elles soient, elles n'y sont que comme présentes. On passe ici à un pluriel du présent, qui devient « prêt à accueillir une multiplicité interne ». Saint Augustin en déduit que le passé subsiste au présent dans la mémoire, car le souvenir est une image du passé, laissée par les événements, et qui s'est imprimée dans l'esprit. Quant aux choses futures, « c'est grâce à une attente présente qu'[elles] nous sont présentes comme à venir »[11]. Elles existent, comme pour la mémoire, dans une image, mais qui cette fois n'est pas une empreinte du passé, mais un « signe » des choses futures, qui sont comme pré-perçues ou anticipées. On trouve donc, à côté du présent, un présent du passé (le souvenir remémoré au présent) et un présent du futur (une image, au présent, anticipée, d'une chose future).

Reste, encore, si l'on peut considérer comme ainsi résolu le problème du non-être du temps, la question de la mesure du temps. Saint Augustin affirme que ce n'est que quand il *passe* que nous pouvons mesurer le temps. C'est dans le passage du

---

9. *Op. cit.*, p. 22.
10. *Ibid.*, p. 26.
11. *Ibid.*, p. 27.

temps « qu'il faut chercher à la fois la *multiplicité* du temps et son *déchirement* » [12]. Cette mesure du temps ne se fait pas par le mouvement, car le mouvement peut s'arrêter, et non le temps. Elle se fait dans l'esprit même, ainsi que le découvre saint Augustin dans *Les Confessions* : « il m'est apparu que le temps n'est pas autre chose qu'une distension, mais de quoi ? Je ne sais pas, mais il serait surprenant que ce ne fût pas de l'esprit lui même [13]. » L'extension du temps serait donc une distension de l'âme, mais cette découverte doit encore être confrontée à la dialectique des trois présents. Reprenant le présent du passé, saint Augustin note que « l'impression que les choses font en toi y demeure après leur passage, et c'est elle que je mesure quand elle est présente, non pas ces choses qui ont passé pour la produire » [14]. On retrouve le même système pour les choses futures, qui sont mesurables dans l'attente, au moment présent. En fait, l'esprit attend (c'est le présent du futur), est attentif (c'est le présent du présent), et se remémore (c'est le présent du passé). Pour saint Augustin, le passé et le futur existent donc au présent, car c'est depuis le présent qu'on peut les mesurer, et aussi dans le présent seulement qu'ils peuvent résider (et non dans un passé ou un futur, puisque le passé n'est plus et le futur n'est pas encore). De plus, ce passé et ce futur qui existent au présent, existent dans l'esprit ou la conscience, car c'est dans l'esprit qu'on se souvient ou que l'on attend, et donc qu'on prend la mesure du temps.

Comme on l'a vu, les mêmes préoccupations se retrouvent chez Deleuze : l'image cinématographique doit faire coexister en elle un passé et un futur ; il faut penser le présent dans ses liens avec le futur et le passé, dans le domaine de la représentation comme dans celui, plus général, d'une conception du temps. Selon lui, le fondement caché du temps, c'est sa « différenciation en deux jets, celui des présents qui passent et

---

12. *Ibid.*, p. 35.
13. Cité dans *ibid.*, p. 33.
14. Cité dans *ibid.*, p. 37.

celui des passés qui se conservent »[15]. Il y a une bifurcation perpétuelle qui sépare le présent en train de passer du passé qui vient de passer. Certains passages de *Muriel*, qui opèrent un dédoublement immédiat de certains gestes ou de certaines paroles des personnages, peuvent donner l'impression de cette bifurcation incessante, de ce continuel rejet du présent qui vient de passer dans le passé. Le début du film, par exemple, donne une impression de bégaiement. Hélène, qui voit Bernard poser son filtre à café sur une table, répète deux fois de suite, dans l'enchaînement de trois plans : « Comment veux-tu que je vende cette table ? » Dans deux plans successifs, Bernard ouvre deux tiroirs différents (pour ranger son revolver, puis des journaux). Hélène, quant à elle, tire deux fois le rideau du salon, entre et ressort deux fois de sa chambre, et, deux fois, va éteindre et repart. C'est comme la mise en image de cette partition perpétuelle que le temps opère, au cœur des choses, entre le passé et le présent, et du passé qui se conserve, à côté du présent.

Cette idée de la conservation du passé reprend les études de Bergson sur la mémoire. Il distingue, à côté d'une mémoire « fixée dans l'organisme, [qui] n'est point autre chose que l'ensemble des mécanismes intelligemment montés qui assurent une réplique convenable aux diverses interpellations possibles »[16], une mémoire vraie, qui « retient et aligne à la suite les uns des autres tous nos états au fur et à mesure qu'ils se produisent, laissant à chaque fait sa place et par conséquent lui marquant sa date, se mouvant bien réellement dans le passé définitif, et non pas, comme la première, dans un présent qui recommence sans cesse »[17]. À côté d'une mémoire sollicitée par le présent, et née dans le jeu des enchaînements sensorimoteurs, on a donc une mémoire qui accumule. Bergson dis-

---

15. *L'Image-temps, op. cit.*, p. 129.
16. Henri Bergson, *Matière et Mémoire*, Paris, Presses Universitaires de France, Coll. « Quadrige », 3ème édition, 1990, p. 167.
17. *Ibid.*, p. 168.

tingue ici l'image-souvenir, qui actualise un souvenir pur au contact d'une situation présente (qui le nécessite), du souvenir pur lui-même, pris dans la sédimentation du passé. Cette mémoire vraie existerait par elle-même, en dehors de la conscience. En effet, Bergson note qu'on peut concevoir que des objets existent en dehors de la conscience, comme par exemple d'autres chambres de la maison dont la perception est absente de notre conscience et qui sont pourtant données en dehors d'elle [18]. Or on peut, selon lui, envisager la même chose dans le temps que dans l'espace. Des objets pourraient être donnés dans le passé, bien qu'ils ne soient pas perçus par la conscience, c'est-à-dire bien qu'ils résident en dehors d'elle. Il qualifie de chimérique l'entreprise de « vouloir localiser les perceptions passées, ou même présentes, dans le cerveau : elles ne sont pas en lui ; c'est lui qui est en elles ». La mémoire ne réside pas en nous, c'est nous qui nous mouvons en elle. Comme chez saint Augustin, le temps est envisagé à partir de la conscience qui le perçoit. Par contre, ce dernier ne semble pas avoir pensé le problème du temps en dehors de la perception consciente, en quoi Bergson marque une avancée.

Le corps est en fait pour Bergson un lieu de passage. Il représente la circulation qui vient actualiser, au contact du présent, les souvenirs purs dans des images-souvenir, sous la forme d'un cône renversé, dont la base serait le passé, immobile, et le sommet, le présent qui avance sans cesse, en touchant tout le plan de notre représentation de l'univers. Entre la mémoire du corps et la mémoire vraie, la première n'est que « la pointe mobile insérée par la seconde dans le plan mouvant de l'expérience » [19]. La conscience, qui s'accroît sans cesse, n'est donc pas séparée de ses continuelles acquisitions, toutes liées à cette pointe, qui les fait passer et en est l'extrême contraction.

18. *Ibid.*, p. 158.
19. *Ibid.*, p. 169.

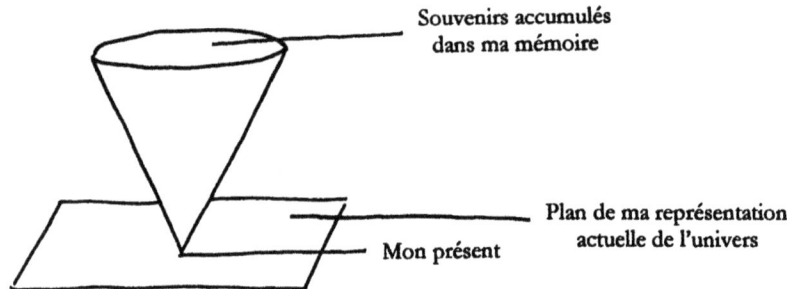

Cette pointe, Deleuze la qualifie de « pointe de présent »[20], qu'il oppose aux nappes de passé, qui sont les régions qui composent ce passé immobile, cette mémoire accumulée qui existe en dehors de nous. Toutes ces régions se sont succédées au moment où elles se passaient (où elles se situaient à la pointe du cône), mais elles coexistent une fois passées, accumulées dans la base du cône. En effet, comme le note Deleuze, « le successif n'est pas le passé, mais le présent qui passe »[21], car les nappes « ne se succèdent que du point de vue des anciens présents qui marquèrent la limite de chacune. Elles coexistent au contraire du point de vue de l'actuel présent qui représente chaque fois leur limite commune ou la plus contractée d'entre elles ». La pointe de présent est en effet reliée à tout le passé qu'elle contracte : la succession n'importe donc

20. *L'Image-temps, op. cit.*, p. 132.
21. *Ibid.*, p. 130.

plus, puisqu'on n'est plus obligé, depuis le présent, de passer par un point du passé pour en arriver à un autre, mais que tous au contraire sont directement reliés au présent. C'est ainsi que pour retrouver un souvenir, nous nous installons dans une nappe de passé (l'école, telle ville où l'on a habité, ou encore l'adolescence), en passant de nappe en nappe jusqu'à ce que nous ayons atteint celle où le souvenir était replié, faisant ainsi coexister toutes les nappes, les rassemblant à notre gré autour de notre présent.

Cette idée d'une coexistence quasi spatiale des nappes, opposée à la succession du présent, peut nous rappeler la distinction de Lessing entre la poésie comme art de la successivité, et la peinture, art de la coexistence des corps dans un espace. Comme la peinture avait pu, dans sa simultanéité même, intégrer quelque chose de l'ordre de la succession (par le biais de l'instant fécond), on peut imaginer que l'art du récit se mette à contrarier la puissance de succession, pour lui opposer une combinaison d'éléments tous coexistants, c'est-à-dire dont les rapports deviennent dès lors non de succession, mais bien de rapprochements presque spatiaux, de voisinage. On rejoint ici la topologie. C'était le cas, on l'a vu, dans *Marienbad*. Ici se fait le lien entre une théorie du temps et une théorie de la représentation, et entre le problème de la représentation du temps et celui de la topologie.

On retrouve en effet, avec cette idée des nappes, les continuums que nous avions découverts dans les trois premiers longs métrages de Resnais : c'est ainsi que dans *Hiroshima* par exemple, les continuums formés par Nevers et Hiroshima correspondent à différentes époques temporelles, et Nevers constitue bien une région du souvenir, ou une nappe de passé. Ici l'on pressent que l'organisation topologique des films de Resnais peut servir une représentation du temps non chronologique, que Deleuze définit comme « la préexistence d'un passé en général, la coexistence de toutes les nappes de passé, l'existence d'un degré le plus contracté »[22].

Dans *Hiroshima*, Nevers est une nappe de passé travaillée par la pointe de présent : par exemple la terrasse d'où l'on a tiré sur l'allemand, qui revient au moment de la mise en images de la mort du soldat, était déjà apparue plus tôt dans le film, en insert mystérieux, au milieu d'images du couple de Nevers, quand Emmanuelle Riva (ils sont chez Eiji Okada, pas encore dans le bar) raconte son histoire d'amour. C'est ainsi que toute la nappe de Nevers fonctionne comme un déjà donné, non successif, par rapport à la pointe de présent : l'image de la terrasse meurtrière est déjà présente au milieu des plans de rendez-vous des amants. Il n'y a pas d'enchaînement de causes et de conséquences qui mènent à la mort de l'allemand. En fait, la menace est d'emblée présente : c'est un déjà donné que le film déploie.

La coexistence des nappes se double de l'idée d'un passé préexistant, qui est marqué ici par l'absence de succession chronologique qui caractérise les évocations de Nevers.

On voit donc que la pointe de présent, au fur et à mesure qu'elle fait se succéder les présents, *décrit* les nappes de passé. En effet, le présent sollicite sans cesse, pour être appréhendé et compris, des images-souvenir, qui viennent actualiser les souvenirs purs qui gisent dans les nappes de passé. Pour Bergson, notre « perception, si instantanée soit-elle, consiste donc en une incalculable multitude d'éléments remémorés, et, à vrai dire, toute perception est déjà mémoire. *Nous ne percevons, pratiquement, que le passé*, le présent pur étant l'insaisissable progrès du passé rongeant l'avenir. La conscience éclaire donc de sa lueur, à tout moment, cette partie immédiate du passé qui, penchée sur l'avenir, travaille à le réaliser et à se l'adjoindre »[23]. Resnais, dans ses trois premiers films, semble vouloir représenter ce processus. Il utilise la faculté qu'a le présent de faire resurgir le passé, pour intégrer des nappes de passé à ces films.

22. *Ibid.* pp. 130-131.
23. *Matière et Mémoire, op. cit.*, p. 167.

C'est ainsi que dans *Hiroshima*, le sommeil d'Eiji Okada, et sa main à l'abandon, qui sont au présent, vont générer la nappe de Nevers. On retrouve une impression de cône : la main d'Eiji Okada, en ce point extrêmement contracté du présent, est reliée à tout un passé, très vaste ; en elle peut résider toute l'histoire de Nevers. De même, dans *Marienbad*, la photographie que X montre au présent à A, pour lui prouver qu'il l'a connue autrefois, fait réapparaître la scène durant laquelle la photographie a été prise. De même encore, dans *Muriel*, les événements du présent recèlent en eux tout le passé qui leur donne leur signification, et sont prétexte à son exploration. C'est ainsi que le plan où Bernard croise une bande de l'OAS dans l'escalier des remparts de Boulogne, au delà de la menace présente, charrie toutes les tensions de la guerre d'Algérie, tout ce qui a pu se passer et qui lie Bernard à cette bande. C'est ainsi également que Françoise, en appuyant sur le mauvais bouton du magnétophone de Bernard, en déclenchant la lecture de la bande, a comme ouvert la boîte de Pandore. Avec le bruit des rires diffusé par le magnétophone, tout le traumatisme de la guerre d'Algérie semble resurgir pour Bernard.

Dès lors, on peut imaginer comment cette description continuelle des nappes de passé par la pointe de présent propose des réinterprétations constantes du passé, qui à leur tour créent de nouvelles relations entre ces régions du passé. Il faut ici envisager la coexistence des nappes de passé en les confrontant avec la dynamique de succession de la pointe de présent, et le corrélatif accroissement continuel, la sédimentation des couches de passé. En effet le temps, « ultime interprète, ultime interpréter »[24], signifie que le Tout n'est jamais donné. Sans cesse, arrivent des événements, qui entreront dans de nouvelles connexions avec ce qui est déjà donné. Là encore, on pense aux jeux de cartes de *Marienbad*, qui opèrent des redistributions constantes. À chaque nouvelle donne, tout le jeu change. C'est pour cela que les continuums des films de Res-

---

24. Deleuze, *Proust et les Signes*, op. cit., p. 157.

nais sont constitués de répétitions, de reprises, qui sont autant de variations : parce que chaque élément peut sans cesse être repris au fur et à mesure du temps qui passe, et signifier chaque fois autre chose. C'est pour cela également que ces films en arrivent à une fragmentation extrême. La pointe de présent recoupe les continuums déjà constitués, car elle vient donner d'autres axes de lecture et bouleverser les catégories déjà faites. On peut comparer son action à ce qu'on avait dit de la « transformation du boulanger » : un carré étiré en rectangle verra ses deux moitiés à leur tour former deux carrés, et ainsi de suite, de sorte qu'à chaque transformation, il y a une redistribution de la surface totale [25]. C'est ainsi qu'on en arrive à la multiplication des ruptures, car « les continuums ou strates ne cessent de se fragmenter, en même temps qu'ils se remanient, d'un âge à l'autre » [26].

Et de fait on assiste, dans les trois films, à une double action de la pointe de présent, qui d'une part travaille et transforme les continuums, et fait advenir les ruptures, mais d'autre part opère également une redistribution constante des éléments entre les différents continuums, les différentes nappes de passé. Dans *Muriel*, par exemple, la scène du café qui réunit Alphonse, Ernest, Bernard et Robert, révèle bien cette double action. En effet, on voit les ruptures, la fragmentation se faire sous nos yeux. Les deux histoires, séparées, qui opposent, d'un côté, Alphonse et Ernest, et, de l'autre, Bernard et Robert, sont recoupées par la montée, au présent, d'une menace. Cette menace, on l'a vu, crée en effet, dans chacune des histoires, deux camps, celui des « agresseurs » et celui des « agressés », Ernest semblant traquer Alphonse, et Robert voulant faire taire Bernard, l'empêcher de « raconter Muriel ». La pointe de présent crée bel et bien une rupture dans la progression de la scène, car elle amène la menace, qui provoquera l'éclatement final de ce petit monde (Bernard tuera Robert, et Ernest sépa-

---

25. Deleuze, *L'Image-temps*, op. cit., p. 156.
26. *Ibid.*, p. 157.

rera Alphonse et Hélène). Mais, parallèlement à cette rupture qui s'opère au présent, se joue dans la même scène toute une reconfiguration du passé. Les bribes énigmatiques lancées par Ernest nous amènent à reconsidérer le passé d'Alphonse. Quant à Bernard, on savait, depuis qu'il avait montré son film d'amateur au Vieux Jean, qu'il avait participé à la torture de Muriel. Mais le voir s'opposer à Robert apporte comme une redéfinition rétrospective de ce passé. Ce qu'était Bernard a changé : il était un tortionnaire parmi les autres ; mais, parce qu'il se dresse contre Robert, on peut désormais dire qu'il était le tortionnaire qui allait se révolter contre la torture.

Cette continuelle redistribution des éléments reprend les principes topologiques de transformation des continuums par prédation, et de remaniement des nappes entre elles. Mais ces reprises, ces répétitions des éléments, qui marquent, dans leurs déplacements, la transformation des nappes de passé, créent aussi comme des boucles, comme un éternel retour qui empêcherait le temps d'avancer. La pointe de présent ne ferait que décrire et susciter la mémoire, la déroulant et la recomposant sans cesse.

3. Les lobes

Deleuze note ainsi que « soumettre l'image à une puissance de répétition-variation, c'était déjà l'apport de Buñuel, et une façon de libérer le temps, de renverser sa subordination au mouvement »[27]. L'effet de surplace créé par les répétitions doit venir contrarier la progression ordinairement impliquée par le mouvement. Il s'agit de casser une représentation indirecte du temps fondée sur le mouvement, qui correspond en fait à la conception classique selon laquelle le temps se mesure aux mouvements accomplis. Pour Deleuze, une présentation directe du temps au cinéma n'impliquerait pas l'arrêt du mou-

---

27. *Ibid.*, p. 134.

vement, mais la « promotion du mouvement aberrant »[28], c'est-à-dire d'un mouvement qui n'a pas de centre, et à partir duquel on ne peut pas mesurer le temps, puisqu'il échappe aux rapports de nombre. Contrairement au mouvement normal, qui se subordonne le temps et en donne une représentation indirecte, « le mouvement aberrant témoigne pour une antériorité du temps qu'il nous présente directement, du fond de la disproportion des échelles, de la dissipation des centres, du faux-raccord des images entre elles »[29]. L'antériorité du temps, c'est l'idée bergsonienne que le présent n'est qu'un état contracté du passé tout entier. Donc il ne serait, en quelque sorte, qu'une projection du passé, tandis que le passé, « loin d'être une dimension du temps », serait « la synthèse du temps tout entier, dont le présent et le futur sont seulement des dimensions »[30]. Cette présentation directe du temps par le mouvement aberrant, est donc une présentation de toutes ces reprises, ces dilatations et ces contractions, ces projections, que le présent provoque en décrivant, en déployant le passé. Ainsi Deleuze donnant l'exemple de ce qu'on appelle répétition dans une vie, note que « des présents se succèdent, empiétant les uns sur les autres. Et pourtant, nous avons l'impression que, si fortes que soient l'incohérence ou l'opposition possibles des présents successifs, chacun d'eux joue "la même vie" à un niveau différent (...) on dirait qu'ils jouent toujours à la même chose, la même histoire, à une différence de niveau près : ici plus ou moins détendu, là plus ou moins contracté (...) la succession des actuels présents n'est que la manifestation de quelque chose de plus profond : la manière dont chacun reprend toute la vie, mais à un niveau ou degré différent de celui du

---

28. *Ibid.*, p. 53.
29. *Ibid.*, p. 54.
30. Deleuze, *Différence et Répétition*, Paris, Presses Universitaires de France, Coll. « BPC », 5ème éd., 1985, p. 111.

précédent, tous les niveaux ou degrés coexistant et s'offrant à notre choix, du fond d'un passé qui ne fut jamais présent »[31].

Les trois films de Resnais suscitent cette impression de reprises perpétuelles, comme des boucles sans cesse parcourues. Par exemple, dans *Hiroshima* revient à plusieurs reprises une image des amants de la France occupée. Il s'agit des premières évocations de Nevers, alors qu'Emmanuelle Riva est chez Eiji Okada, avant qu'ils n'aillent dans le premier bar. Dans cette séquence, le Nevers évoqué est celui d'avant la mort du soldat, et les images nous montrent la jeune fille et l'allemand ensemble, vivant leur relation amoureuse. Dans un plan très rapproché, il est allongé sur elle, et plonge dans son cou. Ce plan est immédiatement repris, mais cette fois en plan moyen. On les découvre allongés par terre, sous une couverture. Puis, alors qu'Emmanuelle Riva, qui errait dans Hiroshima, a été rejointe dans la gare par Eiji Okada, surgit un plan qui reprend ce moment entre les amants de Nevers : ils sont filmés sous un autre angle, mais dans la même position, sous la même couverture. Identiquement, une image de la cabane où se glissent les amants à Nevers revient deux fois, aux mêmes moments du film (la deuxième fois, on ne voit plus les amants, mais on croit reconnaître la cabane). Ces images qui se répètent sont chargées, lors de leur seconde occurrence, de tout le récit postérieur à la mort du soldat qu'Emmanuelle Riva a fait dans le premier bar. Elles font bégayer le film. Le temps n'avance plus, il progresse en boucles.

Ce phénomène se manifeste de façon éclatante dans *Marienbad*. C'est un film auquel on peut appliquer ce que dit Deleuze de l'image-cristal ; tout y possède un écho, tout y fait retour. Le film entier se déroule selon une circulation en boucles, qui nous ramènent vers un point ou un autre. Par exemple, vers le début du film, un enchaînement de plans, dont nous avons déjà parlé, décrit une boucle de A à A. Un premier plan nous montre la jeune femme, plongée dans la pénombre, tan-

31. *Ibid.*, p. 113.

dis que la voix *off* de X déclare : « Vous êtes toujours la même. » Au plan suivant, une femme répond, qui n'est pas A : elle est filmée, dans un panoramique, avec un homme qui n'a pas, non plus, la voix de X. En fait, on a l'impression, par un faux raccord à appréhension décalée, que la conversation était, depuis le début, celle de ce couple inconnu. Pourtant, ce n'est pas le cas, puisque l'homme n'a pas la voix de X. La conversation s'achève sur la remarque de la femme : « Vous êtes toujours le même. » Une première boucle est bouclée, de l'homme qui disait à la femme qu'elle était toujours la même, à la femme qui dit à l'homme qu'il est toujours le même. À ce moment, le couple, qui était suivi par un panoramique, passe devant A. Le panoramique cesse, et la caméra reste fixée sur elle, tandis que le couple sort du champ. Alors la voix de X reprend, toujours *off*, « Vous êtes toujours la même... » Après le détour par un autre couple, qui était comme une projection de celui formé par A et X, nous sommes revenus vers A : la deuxième boucle est bouclée. Ces répétitions-variations, qui empêchent le bon déroulement chronologique, enferment le film dans autant de boucles.

Mais les boucles décrites dans ces films ne nous ramènent jamais exactement au point de départ. Il y a toujours un déplacement. On peut ici songer à la structure topologique de la bande de Moebius, c'est-à-dire une bande qu'on a refermée en une boucle, mais en lui ayant auparavant imprimé une torsion. Ainsi lorsqu'on décrit un seul tour sur la bande, une fois revenu au point de départ, on se retrouve sur l'envers, par rapport à l'endroit d'où l'on était parti. On peut par exemple imaginer une fourmi qui, parcourant la boucle, arriverait au niveau de la torsion, et passerait, en suivant la bande, de l'endroit sur l'envers. On comprend ici ce qui lie intimement la topologie et le temps, à savoir que l'espace en lui-même ne renferme pas la troisième dimension de la profondeur : « c'est seulement pour celui qui est plongé dans l'espace que, selon ses mouvements déroulés dans le temps, il y a un avant et un après, et par conséquent un devant et un derrière »[32]. Souvent, dans *Marienbad*, l'endroit et l'envers, notamment en ce qui concerne les effets spéculaires, se déterminent l'un par rapport à l'autre, dans l'espace d'une répétition, qui est un développement temporel. Dans l'histoire du talon cassé, c'est la reprise du premier plan (où A claudique en s'éloignant de l'hôtel), qui permet de voir un envers dans le plan où X et A, boitant, se dirigent *vers* l'hôtel ; c'est la répétition qui, dans le temps du film lui-même, permet de créer un endroit et un envers. Cette différenciation entre envers et endroit, qui doit se faire dans une durée, lie l'idée de la boucle à celle d'un déroulement du temps, mais compris comme incessant retour. Le présent avance, mais il re-déploie toujours le même passé.

Muriel, notamment, peut nous donner l'impression de suivre une bande de Moebius. En effet, entre le premier et le dernier acte du film, une boucle paraît se refermer, et pourtant il y a eu de nombreux déplacements. Lorsqu'on parle des actes de *Muriel*, on reprend les indications de Jean Cayrol, le scénariste, qui avait écrit ce film en cinq actes. Le premier acte recouvre le premier soir, il s'achève avec la scène du lendemain matin, où l'on voit Bernard faire du cheval. Quant au dernier acte, il commence après la scène dans la chambre de Bernard, durant laquelle ce dernier gifle Françoise, alors qu'on voit Alphonse mettre le couvert pour le repas de midi. Si l'on veut pointer les similitudes entre le premier et le cinquième acte, on notera tout d'abord que tous deux comprennent des scènes de repas dans l'appartement d'Hélène. Au cours des deux actes également, apparaissent des vues subjectives de la ville ; ainsi que le note Marie-Claire Ropars, « divers lieux sont présentés sans que leur intervention prenne place dans le déroulement chronologique de l'histoire directement représentée »[33].

D'autres éléments reviennent entre l'acte I et l'acte V. Hélène, par exemple, va à la gare, au premier acte, pour cher-

---

32. Granon-Lafont, *La Topologie ordinaire de Jacques Lacan*, op. cit., p. 14.
33. *Muriel*, op. cit., p. 19.

cher Alphonse, et au dernier, Bernard. Mais à l'acte V, la gare est devenue l'ancienne gare : l'employé informe Hélène que le train pour Paris n'y passe plus. Le retour de la jeune femme à la gare marque, là encore, une progression temporelle. C'est aussi au premier acte qu'Alphonse parle à Hélène du Globe d'Or, et au cinquième, qu'Ernest s'exclame : « Alphonse, pourquoi n'as-tu pas dit à Hélène que je lui avais donné rendez-vous un certain dimanche de septembre 40, au Globe d'Or ? » C'est comme un tour qui a été accompli ; c'est comme une relance, où Ernest vient déloger Alphonse, et le remplacer. De même, entre le premier acte et le cinquième, revient l'histoire de l'argenterie fondue, mais là encore, ce retour nous a fait comme passer de l'endroit à l'envers : au premier acte, le récit de cette histoire est l'occasion de dire le rapprochement d'Hélène et de Bernard (car Hélène commente : « Bernard ne voulait plus me quitter »), tandis qu'à l'acte V, le récit précède leur séparation. Bernard, qui a tué Robert, doit quitter Hélène et s'enfuir. Le film est donc construit selon une idée de boucle, puisqu'entre le premier et le dernier acte, les mêmes éléments reviennent, mais cette boucle ressemble plus spécifiquement à une bande de Moebius, parce que ces éléments semblent effectivement revenir sous une forme inversée, comme s'ils étaient passé de l'endroit sur l'envers.

Muriel nous place face à un paradoxe : malgré un constant retour au point de départ, du temps s'est écoulé, comme l'indique le déplacement dont témoigne chaque répétition (à chaque fois que la boucle est décrite). C'est ce que Lacan appelle l'effet progressif de la répétition. Il note, en se fondant là aussi sur le modèle de la bande de Moebius, qu'entre « le répété et le répétant, il y a l'espace moebien, en tant qu'il révèle un élément non-mesurable (...), présent structurellement comme appui fondamental, bien qu'il reste ignoré. Il met sur la voie de cet "un-en-plus", "un-en-trop" que l'on oublie de compter parce qu'il ne se définit qu'à partir du vide et du temps »³⁴. Cette progression au sein d'un système de boucles nous fait penser à la figure de l'hélicoïde.

Si la bande de Moebius nous a fourni ici un exemple intéressant des déplacements qui peuvent s'opérer alors même qu'on décrit le trajet d'une boucle, le même problème peut être envisagé à partir de l'idée de structure hélicoïdale. Listing décrit l'hélicoïde comme « une ligne à deux axes de courbure, qui peut être considérée comme le trajet d'un point se déplaçant dans l'espace simultanément de façon cyclique et progressive. (...) Nous entendons par le terme cyclique ou boucle (...), la circonférence de toute figure plane quelconque, à condition que son périmètre ne se croise nulle part en lui-même et ne possède pas non plus de points multiples »³⁵. Dans ce cas, la boucle n'est jamais refermée : il s'opère toujours un déplacement, en sorte que le retour se fait avec un décalage qui permet la progression. Cette figure de l'hélicoïde est explicitement montrée dans *Marienbad*. Il s'agit de la scène du début du film où A monte l'escalier de l'hôtel, suivie par X qui lui dit : « ... Vous m'attendiez... Mais vous essayez à nouveau de vous échapper... » On s'aperçoit en fait que A décrit un double mouvement de rotation, en suivant la courbe de l'escalier, et en se retournant sur elle-même tout au long de la montée, au rythme de sa conversation avec X. Et cette échappée, ce trajet qu'elle décrit se referme sans se recouper, cette boucle toujours ratée ressemblant au parcours du film lui-même, qui se déroule en se répétant, et semble exister dans ce mouvement même de déploiement.

Dans *Hiroshima*, on trouve de nombreuses constructions hélicoïdales. Par exemple, les images d'archives du début du film, qui nous montrent des japonais irradiés perdre leurs cheveux par poignées, trouvent leur écho dans la nappe de Nevers, sous une autre forme, avec la jeune Emmanuelle Riva qu'on tond. Mais ses cheveux, qui repoussent, nous ramènent à

---

34. Granon-Lafont, *La Topologie ordinaire de Jacques Lacan*, op. cit., p. 38.
35. *Introduction à la topologie*, op. cit., p. 47.

leur tour à Hiroshima, puisqu'une fois « guérie », les cheveux de nouveau longs, elle part pour Paris, et y arrive le jour du bombardement d'Hiroshima (où les survivants vont perdre, à leur tour, leurs cheveux). On part d'Hiroshima et on y revient, ayant décrit le cercle de Nevers. Mais on y revient ailleurs, et, en fait, curieusement, *avant*, puisque le bombardement de Hiroshima *précède* la chute des cheveux des survivants irradiés. C'est un déploiement du passé, mais c'est aussi plus que cela : la coexistence en fin de compte de Nevers et d'Hiroshima (puisque Hiroshima peut nous amener à Nevers comme Nevers à Hiroshima), et une espèce de circulation interne qui se crée entre les deux nappes, où on assiste, sans cesse, à la projection de l'une dans l'autre, la reprise de l'une par l'autre, sans que jamais la boucle ne se referme.

Ce phénomène se manifestait déjà à propos des cyclistes, anonymes, de Hiroshima, qui nous ramenaient à Nevers, à Emmanuelle Riva sur sa bicyclette. Mais, à son tour, la bicyclette de Nevers nous ramenait vers Hiroshima, puisque c'est en bicyclette qu'Emmanuelle allait à Paris, et y arrivait pour voir, comme elle le dit, « le nom Hiroshima sur tous les journaux ». Là encore, la boucle est bouclée, ou presque, puisqu'il y a eu entre-temps un déplacement, à savoir la progression de l'histoire entre Emmanuelle Riva et Eiji Okada, à laquelle va se consacrer la fin du film.

Cette figure de l'hélicoïde est très intéressante, car, on le voit, elle fournit un modèle qui permet de penser ensemble l'idée de retour et celle de progression. Cela peut, dès lors, nous aider à mieux comprendre la dialectique, qui sous-tend les conceptions du temps de Bergson et de Deleuze, et qui oppose le principe de succession du présent, au déploiement constant du passé dans le présent, le premier allant jusqu'à dire que « nous ne percevons, pratiquement, que le passé »[36], et le second, que le passé « est la synthèse du temps tout entier,

---

36. *Matière et Mémoire*, op. cit., p. 167.

dont le présent et le futur sont seulement des dimensions » [37].

On pourrait imaginer une progression hélicoïdale du temps, où le présent, au fur et à mesure qu'il passerait, déroulerait et déploierait en boucles des nappes de passé actualisées dans des images-souvenir. Mais ces boucles ne se refermeraient pas, puisque le temps, dans la succession des présents, aurait passé : le retour au présent, au point de départ, se ferait avec un décalage, le décalage du temps présent écoulé, décalage qui permettrait l'irruption d'autres images-souvenir, et donc la description de nouvelles boucles. Le temps passerait en progressant dans une incessante rétroaction de boucles, comme s'il décrivait une hélicoïde.

Par ailleurs, cette figure de l'hélicoïde peut être elle-même liée à la figure du tore. En fait, on peut tracer sur le tore un cercle méridien, qui se referme en une boucle. Mais « si ce trajet autour du tore rate son point d'arrivée, alors

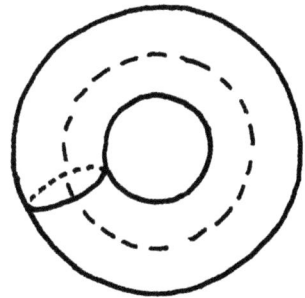 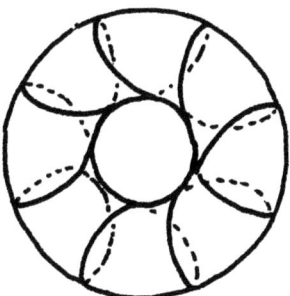

37. *Différence et Répétition*, op. cit., p. 111.

pour se refermer sans se recouper, les boucles se multiplient et le trajet accomplit aussi un tour de longitude »[38], c'est-à-dire que se forme à l'intérieur du tore une sorte d'hélicoïde refermée sur elle-même en une sorte de boucle. Lacan notamment utilise cette figure topologique pour illustrer la demande et sa répétition : «... la demande se répète et dessine l'objet comme manquant. Ce dernier ainsi décrit est toujours raté, dans un ratage pourtant structural, lié au parcours de la demande et nécessaire à sa répétition [39]. » Mais cette figure peut être également utilisée pour décrire un film comme *Muriel*. On a vu, en effet, que ce film dans son entier décrivait comme une boucle, et plus précisément une bande de Moebius entre l'acte I et l'acte V. Mais on peut trouver, dans cette boucle même, un fonctionnement en hélicoïde. C'est ainsi que Bernard nous mène à Muriel, et donc à Marie-Do, qui nous ramène à son tour à Bernard, mais avec un déplacement, qui nous ramène à Robert, et donc aussi à Muriel, et ainsi de suite. C'est ainsi également qu'Hélène nous mène à Alphonse, qui nous ramène à Ernest, qui va lui même être confronté à Hélène, ce qui va ensuite nous mener vers Simone. Les choses arrivent sans cesse de biais, aucun fait ne « représent[e] une étape dans un déroulement unique, tout est toujours perçu comme provenant d'ailleurs ou relié à autre chose »[40]. C'est ainsi que Marie-Claire Ropars peut noter qu'« il est possible de reconstituer la cohérence diégétique du récit. Avec des incertitudes ou des failles, un manque d'explication, une présentation des choses toujours elliptique ; mais avec aussi l'éventualité maintenue d'une logique référentielle. Seulement cette trame n'apparaît que sous forme de traces, tout vient après que tout se soit passé ; si l'aventure est repérable, elle est aussi insaisissable, parce qu'absente »[41]. On

---

38. Granon-Lafont, *La Topologie ordinaire de Jacques Lacan, op. cit.*, p. 52.
39. Cf. Granon-Lafont, *ibid.*
40. Ropars, *Muriel, op. cit.*, p. 31.
41. *Ibid.*, p. 30.

assiste effectivement à une fuite en avant, où les choses ne sont comprises que par retour. Ces hélicoïdes dessinent un manque, un monde qui n'a pas de centre. Cela nous ramène au mouvement aberrant que Deleuze caractérise comme un mouvement privé de centre. Le mouvement aberrant, par définition irrégulier, ne peut constituer la mesure du temps (comme le pourrait un mouvement normal) ; il anime par contre ces projections déformées du passé qui viennent travailler le présent, et travailler au présent.

Muriel nous donne donc une vision du temps où la progression déploie un passé préexistant, sans cesse repris et redéployé dans des hélicoïdes qui fonctionnent en circuit fermé. Le temps est pris dans la répétition même, comme reprise du passé. On retrouve ce que Deleuze peut dire des répétitions dans une vie, à savoir que « des présents qui se succèdent, et qui expriment un destin, on pourrait dire qu'ils jouent toujours à la même chose, la même histoire à une différence de niveau près : ici plus ou moins détendu, là plus ou moins contracté »[42]. Le passage du présent, qui est succession, est aussi une incessante description, un perpétuel retour du passé, et se meut, en boucle, dans une mémoire-monde [43]. C'est le cerveau qui effectue ces parcours, et Deleuze note que « si les sentiments sont des nappes de passé, la pensée, le cerveau, est l'ensemble des relations non-localisables entre toutes ces nappes, la continuité qui les enroule et les déroule comme autant de lobes, les empêchant de s'arrêter, de se figer dans une position de mort »[44].

---

42. *Différence et Répétition*, op. cit., p. 113.
43. *L'Image-temps*, op. cit., p. 130.
44. *Ibid.*, p. 164.

Conclusion

Si l'on étudie les trois premiers longs métrages de Resnais, *Hiroshima mon amour*, *Muriel*, et *L'Année dernière à Marienbad*, en leur appliquant les instruments de description que peut fournir la topologie, on observe donc que leur aspect topologique peut servir une représentation du temps non chronologique, caractérisé par « la préexistence d'un passé en général, la coexistence de toutes les nappes de passé, l'existence d'un degré le plus contracté »[1]. En effet, le modèle topologique permet de s'éloigner de l'idée de succession (et notamment de la succession chronologique représentée indirectement, au montage, par l'établissement de liens sensori-moteurs), pour lui substituer une idée de spatialité où tous les éléments sont présentés ensemble, côte à côte, coexistants.

Dans une relation de voisinage topologique, des éléments voisins, qui s'enchaînent les uns avec les autres, ont « même apparence qualitative »[2] ; chez Resnais, il s'agit à l'inverse d'enchaînements par similitude, c'est-à-dire que la proximité des éléments vient justement de leur similitude, puisque les rapprochements faits par le montage associent des éléments qui se ressemblent. Cette émergence de continuums coexistants pose le problème de leurs limites respectives. En fait, à mesure que le continuum topologique se forme, il se

---

1. Deleuze, *L'Image-temps*, op. cit., pp. 130-131.
2. Thom, *Paraboles et Catastrophes*, op. cit., p. 6.

transforme ; mais cette transformation est aussi une lente préparation de la surface, qui mènera à une rupture. On l'a vu avec la théorie des catastrophes, la rupture, en topologie, c'est le passage d'une morphologie, d'une structure, à une autre, c'est-à-dire d'un continuum à un autre. Entre ces continuums, le passage se fait par des points de basculement (des carrefours ou bornes, des procédés spéculaires), ce qui a pour résultat que les trois films se développent par mises en connexion d'éléments, de nappes, d'univers, plutôt que par un déroulement de causes et d'effets ressortant d'une logique d'action.

Par ailleurs, on a vu que la topologie fournit des modèles, comme la bande de Moebius, ou l'hélicoïde, que l'on retrouve dans la construction des trois films de Resnais. Or, ces figures y servent une représentation du temps non chronologique, dans la mesure où elles sont une pensée du temps en boucles, c'est-à-dire d'un temps où le présent se fait par d'incessants retours au passé.

Le passé sans cesse suscité et décrit par le présent, le temps qui avance en boucles, correspondent à ce mécanisme topologique qui met en connexion un élément avec un autre, et nous fait sauter d'une nappe à l'autre : on rejoint ici l'idée de transversalité, que Deleuze pointait chez Proust comme une nouvelle forme de construction des œuvres d'art. Ces structures fondées sur la transversalité permettent, dans le récit, toutes les digressions et toutes les réminiscences. Chez Resnais, dont on a vu qu'il s'intéressait sans doute avant tout au fonctionnement psychique [3], la représentation du temps non chronologique vient d'ailleurs, probablement d'une volonté de décrire les jeux de l'imaginaire et de la mémoire, où une image en appelle une autre.

En fait, la caractérisation du temps non-chronologique de Deleuze se fonde sur une théorie de Bergson qui étudie elle-même la question de la conscience, sous l'angle du rôle de la mémoire. Deleuze lie donc intimement la question de la per-

---

3. Cf. Ishagpour, *D'une image à l'autre, op. cit.*, p. 182.

ception du temps dans la conscience et celle de sa représentation dans l'œuvre cinématographique, puisque, pour nous montrer comment le cinéma moderne est caractérisé par l'avènement, à travers l'image-temps, d'une représentation du temps non chronologique, il utilise des recherches sur la conscience. On rejoint ici ce que pouvait nous dire Ricœur du récit, dont le but serait de re-configurer notre expérience temporelle. Il y aurait un « partage, entre le narrateur et le lecteur, d'une expérience temporelle », qui aurait pour résultat de « *refigurer dans la lecture le temps lui-même* » [4]. Sans doute peut-on appliquer cela au cinéma en général en ce sens qu'il aurait pour but de présenter notre expérience interne de la temporalité. Ainsi les films de Resnais nous présentent, à côté d'un monde « devenu mémoire », le cerveau à l'œuvre, qui explore le temps, « devenu conscience, continuation des âges, création ou poussée de lobes toujours nouveaux... » [5] C'est probablement dans cette optique, où le récit et la représentation se font exploration du temps, expérience *directe* du temps dans l'œuvre, que Deleuze peut utiliser les recherches de Bergson sur la question de la conscience, et de la mémoire, pour en tirer une théorie esthétique, de la représentation : si l'œuvre retranscrit l'expérience temporelle interne, si elle est même une expérience directe du temps, elle se rapproche de façon très étroite de l'expérience du temps de la conscience.

Cela éclaire peut-être le fait que Deleuze passe, en utilisant Bergson, de la question de la conscience à une théorie de la représentation, et sans doute également qu'il passe d'une théorie de la représentation à une conception plus générale du temps. Sans doute l'esthétique, plutôt qu'une réflexion sur un objet d'art, doit-elle se faire pensée *à partir* de cet objet. Nous voyons qu'à partir des analyses de Deleuze, qui étudie les films de Resnais sous l'angle des recherches bergsoniennes sur la

---

4. *Temps et Récit*, tome 1, *op. cit.*, p. 157.
5. Deleuze, *L'Image-temps*, *op.cit.*, p. 164.

conscience, nous pouvons ensuite comprendre ces films comme de nouvelles façons de représenter, et donc de penser le temps.

Bibliographie

Ouvrages

Bailblé (Claude), Ropars (Marie-Claire), Marie (Michel), *Muriel*, Paris, Editions Galilée, 1974.
Bergson (Henri), *Matière et Mémoire*, Paris, Presses Universitaires de France, Coll. « Quadrige », 3ème édition, 1990.
Bruter (Claude-Paul), *Topologie et Perception, Bases philosophiques et mathématiques*, t. 1, Paris, Maloine, Coll. « Recherches interdisciplinaires », 1985.
Chateau (Dominique), Jost (François), *Nouveau Cinéma, Nouvelle Sémiologie, Essai d'analyse des films d'Alain Robbe-Grillet*, Paris, Union Générale d'Éditions, Coll. « 10/18 », 1979.
Deleuze (Gilles), *Différence et Répétition*, Paris, Presses Universitaires de France, Coll. « BPC », 5ème éd., 1985.
Deleuze (Gilles), *L'Image-mouvement*, Paris, Les éditions de Minuit, 1983.
Deleuze (Gilles), *L'Image-temps*, Paris, Les éditions de Minuit, 1985.
Granon-Lafont (Jeanne), *La Topologie ordinaire de Jacques Lacan*, Paris, Point Hors Lignes, 1985.
Ishaghpour (Youssef), *D'une image à l'autre*, Denoël Gonthier, Coll. « Médiations », 1981.
Lessing (Gotthol), *Laocoon*, Paris, Hermann, Coll. « Savoir/sur l'art », 1990.

Listing (Johann), *Introduction à la topologie*, Paris, Navarin Éditeur, 1989.
Morlet (Claude), « Topologie », in *Encyclopediae Universa-lis*, édition française, 1989.
Ricardou (Jean), *Le Nouveau Roman*, Paris, Seuil, 1973.
Ricoeur (Paul), *Temps et Récit*, tome 1, Paris, Seuil, 1983.
Robbe-Grillet (Alain), *Topologie d'une cité fantôme*, Paris, Les Éditions de Minuit, 1976.
Steiner (Josef), *Les Jeux de l'écriture dans Topologie d'une cité fantôme d'Alain Robbe-Grillet*, Zurich, ADAG Administration et Druck AG, 1981.
Thom (René), *Modèles mathématiques de la morphogenèse*, Paris, Union Générale d'Éditions, Coll. « 10/18 », 1974.
Thom (René), *Paraboles et Catastrophes, entretiens sur les mathématiques, la science et la philosophie*, Paris, Flammarion, 1983.

Périodiques

Entretien avec Alain Resnais, texte des questions et retranscription des réponses par Sylvain Roumette, *Clarté*, n° 33, in *Premier Plan*, n° 18, consacré à Alain Resnais, Lyon, Société d'études, de recherches et de documentation cinématographiques, 1961.
Entretien avec Alain Resnais, par André S. Labarthe et Jacques Rivette, *Cahiers du cinéma*, n° 123, septembre 1961.

Table des matières

Introduction   7

Chapitre Premier.
Similitude et proximité   13

1. L'affaiblissement des liens sensori-moteurs   13
2. Le voisinage   17
3. L'enchaînement par similitude   19
    a. D'une image à l'autre   20
    b. La récurrence des objets   22
    c. La montée du souvenir   23
4. La projection, la dilatation et la contraction   25
5. La prédation   29

Chapitre II.
Les miroirs catastrophiques   35

1. Les limites   35
2. La théorie des catastrophes   38
3. Les points de rupture   40
    a. Les bornes   40
    b. Les miroirs   43
4. La fragmentation   52
5. Les interactions   58

Chapitre III.
Les boucles du temps 63

    1. La représentation du temps dans les films 63
    2. Le double jet du temps 69
    3. Les lobes 79

Conclusion 91

Bibliographie 95

657253 - Juin 2016
Achevé d'imprimer par